Liebe und Sex

Wie macht man was?

Peter-Willy Müller

Die Deutsche Nationalbibliothek verzeichnet diese Publikation in der deutschen Nationalbiografie; detaillierte bibliografische Daten sind im Internet über:

http://dnb.d-nb.de abrufbar

© 2010 Peter-Willy Müller

Herstellung und Verlag: Books on Demand GmbH Norderstedt

ISBN: 9783732246755

Text und Covergestaltung: Peter-Willy Müller

Neue deutsche Rechtschreibung

Für alle die noch etwas mehr über Liebe und Sex wissen wollen

Prolog

Ich bin schön etwas älter und erfahre immer wieder, dass es nicht nur junge Menschen gibt, die einfach zu wenig mit diesem Thema vertraut sind, um ein glückliches und sexuell erfülltes Leben zu führen.

Aus Erfahrung weiß ich, dass viele Leute gerade auf diesem Gebiet, trotz aller Freizügigkeit und aller Aufklärung noch immer viele Fehler machen. Sie haben sich einfach nicht genug mit diesem Thema beschäftigt.

Zum Glück sind heute unter jungen Menschen viele Tabus von früher verschwunden. Jeder kann heute sexuell sehr viel freier sein und entsprechend handeln. Dennoch besteht bei manch einem Nachholbedarf, besonders was die Details betrifft.

Vielleicht hilft ihnen mein Büchlein dabei es besser zu machen - es hätte damit seinen Sinn erfüllt!

Inhalt

Geschlechtsanatomie 9

Bezeichnungen 15

Selbstbefriedigung 17

Normales Sexbedürfnis 21

Erste Partner-Sex-Erfahrungen 23

Ausreden gegen Sex 27

Freundschaftlicher Sex 29

Wie zeige ich, dass ich Lust habe? ... 31

Was Liebe nicht ist 37

Liebe ist anders 39

Sex oder Liebe 43

Liebe 45

Wie Liebe entsteht 47

Formen von Liebe 65

Liebe mit oder ohne Sex 69

Liebe zu Eltern und Geschwistern ... 73

Einseitige Liebe 75

Reifere Liebe 77

Alte Liebe 79

Sex nie ganz vergessen 81

Wann hören Sex und Liebe auf? 83

Die dunkle Seite der Liebe 87

Casanova Syndrom 89

Unersättlichkeit 91

Nymphomanie 93

Tierliebe, Zoophilie, Sodomie 95

Swinger 97

Sondersex 99

Prostitution 103

Mittelalterliche Mystifikation 107

Orgasmus-Hilfsmittel 109

Geschlechtsanatomie

Fangen wir ausnahmsweise Mal männlich an, weil es einfacher zu beschreiben ist. Wie männliche Geschlechtsteile aussehen, mag ein jeder ziemlich genau wissen. Männer, weil sie ihre Teile seit ihrer Kindheit kennen und mehr oder weniger mit ihnen umzugehen wissen, vielleicht auch, weil sie ihren Penis zum Urinieren mehrmals täglich in die Hand nehmen müssen. Aber da ist auch noch etwas anderes von Bedeutung, je nach Größe der männlichen Teile müssen diese ja mehr oder weniger in der Wäsche verstaut werden. Bei festsitzender Unterwäsche formt sich alles von selber, vorausgesetzt es ist nicht allzugroß. Bei lockerer Unterwäsche oder gar ohne steht dann die Frage ob er ein Links- oder ein Rechtsträger ist. Soll heißen, dass sein Penis samt Gehänge mit Vorliebe im rechten- oder linken Hosenbein getragen wird. Manche Frauen wissen das und so geht auch oft einer ihrer ersten Blicke auf das linke oder rechte Hosenbein. Wenn sie erfahren sind, können sie anhand der Hosenbeule die ungefähre Größe abschätzen. Bei Männern aber gibt es außerdem noch eine Besonderheit. Die eventuelle Hosenbeule sagt zwar etwas über die Gesamtgröße des Geschlechtsteiles aus, aber nichts über die Details. So kann eine große Beule bedeuten, dass er ein übergroßes Gehänge, sprich Hoden hat, aber es sagt nichts über den zugehörigen Penis aus. Umgekehrt kann er einen sehr großen und dicken Penis haben und nur ein kleines Gehänge. Diese Methode ist eben etwas ungenau und man sollte schon nach Möglichkeit den gesamten Mann nackend in Augenschein nehmen können um Genaueres zu erfahren. Obwohl manche Frauen die Größenverhältnisse von Mannesteiles schon etwas interessieren, so sind sie doch für die praktische Verwendung relativ bedeutungslos. Eine klein aussehende Männlichkeit kann am Ende besser funktionieren als eine große! Also Frauen, lasst euch nicht von männlichen Äußerlichkeiten täuschen. Nichts kann eine Funktionsprobe unter Normalbedingungen ersetzen!

Mannesteile gibt es in den verschiedensten Formen. Die geraden, Gleichmäßigen, besitzen fast immer ein mehr oder weniger dickeres, vorderes Ende, die sogenannte Eichel, die bei christlichen Männern meist von einer Vorhaut bedeckt wird, zumindest im schlaffen Zustand. Diese Eichel ist beim Manne das eigentliche Empfindungszentrum - wird sie lange und gefühlvoll genug durch Reibung gereizt entstehen erste Lustgefühle und eine mehr oder weniger harte Versteifung. Ist dieser Zustand erreicht, ist der Mann in der Lage in das weibliche Gegenstück, die Vagina einzudringen oder aber wie bei der Selbstbefriedigung sich solange weiter zu reizen, dass es zu einem Samenausstoß, einem Orgasmus kommt.

Jüdische oder moslemische Männer haben meist keine Vorhaut mehr, weil sie schon im Kindesalter entfernt wurde. Das heißt, ihre Eichel ist immer voll sichtbar. Es ist heute oft nur eine Glaubensfrage, früher machte die Entfernung auch einen praktischen Sinn. Da diese Männer meist in warmen, tropischen Ländern lebten und bei bedeckter Eichel schnell der Gefahr von Infektionen und Ranzigwerden ausgesetzt waren.

Christliche, nicht beschnittene Männer hingegen hatten in warmen Ländern so immer ihre Probleme mit ihrer bedeckten Eichel und mussten sie stets sehr sauber halten. Aber da gibt es noch einen Aspekt - freiliegende Eicheln werden eher abgehärtet sein, als immer von einer Vorhaut bedeckte. Beim Geschlechtsverkehr ist es darum durchaus möglich, das Männer mit ihrer abgehärteten Eichel länger die Frau penetrieren können, ehe es ihnen kommt.

Aber wir waren ja bei den Penisformen. Da gibt es lange dünne mit einem wesentlich dickeren Kopf, aber auch welche die keine so verdickte Knospe besitzen, daneben gibt es noch krumme, verbogene, ja sogar geknickte - aber alle diese Merkmale haben außer einem ästhetischen Wert wohl keinerlei negative Auswirkungen auf die tatsächlichen Funktionen. Ein anderes wichtiges Merkmal ist die Penisgröße im erigierten Zustand. Es gibt Männer, deren Penis in erregten Zustand kaum größer ist als in hängendem Zustand. Andere Männer haben einen relativ Kleinen, der aber in erregten Zustand die bis zu dreifache Größe annehmen kann. So können 12 hängende Zentimeter durchaus auch mal auf beinahe 30 Zentimeter anwachsen! Persönliche Aussagen vom Männern, was die Größe ihrer Teile betrifft, kann man meist völlig ignorieren, weil sich fast jeder Mann ein paar Zentimeter dazu schwindelt.

Wissenschaftliche, statistische Untersuchungen haben gezeigt, dass der Durchschnitt der Mannesteile im erregten Zustand knappe 14,5 Zentimeter erreicht. Ausnahmen nach oben und unten sind möglich, aber eben nicht die Regel. Eine normale Männlichkeit hängt mehr oder weniger schlaff herunter und erst gewisse gedankliche oder körperliche Stimulationen lassen ihn anschwellen.

Die weiblichen Geschlechtsorgane hingegen sind von außen eher unscheinbar, weil bei jungen Frauen meist durch die großen Schamlippen verdeckt werden. Wesentlich mehr zu sehen ist erst nach Spreizen oder Anwinkeln der Beine. Früher hatten Frauen außerdem noch viele Haare davor, manche einen regelrechten dichten, undurchsichtigen Busch, der so ziemlich alles verdeckte. Heute allerdings rasieren sich schon junge Mädchen und lassen nur ein schmales Haarbüschel übrig - manche allerdings entfernen auch alle Haare dort. Ein bisschen ist es Mode und Geschmacksache. Ohne Haare erscheint es mancher Frau hygienischer zu sein. Ob das so stimmen mag, ist eine ganz andere Frage, denn sicher hatten die Haare auch eine gewisse Schutzfunktion. Für heutige Männer aber hat es gewiss den Vorteil, das sie eine bessere Einsicht auf die weibliche Vulva gewinnen können, zumindest dann, wenn die Frau sich zeigen will. Öffnet die Frau ihre Schenkel etwas mehr, kann man deutlich die inneren, kleineren Schamlippen erkennen, an deren oberen Ende der Kitzler, oder Klitoris liegt, gleich, dicht darunter, befindet sich die Harnröhrenöffnung und am unteren Ende der kleinen Schamlippen liegt der Eingang zur Vagina. Wobei die Abstände von Frau zu Frau stark variieren können. Die eine Vagina liegt dichter an der

Klitoris, die andere weiter entfernt. Aber auch der Kitzler selber kann die vielfältigsten Formen haben. Manche Frauen haben dort eine kleine Hautfalte, die ähnlich wie die Vorhaut beim Penis, erst etwas zurückgeschoben werden muss, um den Kitzler zu erreichen. Auch die Kitzlergrößen sind sehr unterschiedlich, sie reichen von einigen wenigen Millimeter bis zu einer Babypenisgröße von einigen Zentimetern. Der erregte Kitzler kann als kleiner Knubbel sichtbar werden oder auch, als beinahe richtiger kleiner Penis auftreten. Aber sicher gibt es auch alle nur denkbaren Abweichungen. Das, was man allerdings vom Kitzler zu sehen bekommt, ist nur ein kleiner Bruchteil seiner tatsächlichen Größe. Im Inneren kann er durchaus parallel zur Vagina liegend, sogar die Vaginalgröße von 12 bis 15 Zentimetern erreichen. Wird die Klitoris an ihrem äußeren Ende erregt, schwillt sie stark an und verhärtet sich auch in ihrem Inneren. Übrigens ist die Klitoris bei den meisten Frauen, das eigentliche "Lustorgan". Die meisten Orgasmen werden nämlich durch den Kitzler ausgelöst. Auch wenn es so scheint, als ob das Eindringen eines Mannesteiles erst einen Orgasmus bewirkt, so ist doch die Klitoris maßgeblich daran beteiligt. Durch das Einführen des männlichen Gliedes in die Vagina wird nämlich die Vagina gedehnt und je nach Eindringwinkel mehr oder weniger gegen die im Inneren geschwollene Klitoris gedrückt und gerieben, was dann bei manchen Frauen erst den Orgasmus auslöst. In der Regel oder bei den meisten Frauen ist es tatsächlich so, dass sie allein durch Stimulation der äußeren Klitoris zur Befriedigung kommen können.

Neuere Erkenntnisse sehen da einen Zusammenhang zwischen Lage der Vagina im Verhältnis zum Kitzler - liegen diese beiden anatomisch nahe beieinander, kann es leichter zu einem vaginalen Orgasmus kommen, als bei Frauen deren Vagina-Klitorisabstand größer ist. Mit der Empfindungsfähigkeit hat das aber alles nicht zu tun - egal wie eine Frau dort gebaut ist, zu weit über 90 % sind fast alle gesunden Frauen körperlich orgasmusfähig.

Warum es bei manchen Frauen trotzdem nicht oder nur selten funktioniert, liegt oftmals an der psychologischen Komponente. Entweder können sich manche Frauen nicht fallen lassen oder sie sind von den täglichen Lebensaufgaben einfach zu überfordert, um sich noch auf Sex einzulassen. Oft finden sie auch keinen, ihrer Meinung nach, für sie passenden Partner. Einigen dieser Frauen gelingt es manchmal jedoch sich selbst zu befriedigen, oft natürlich nur mit entsprechenden Hilfsmitteln.

Bezeichnungen

Nette Bezeichnungen für das Frauenteil:
Yoni, Pussy, Muschi, Fötzchen, Möschen, Pfläumchen, Feuchtgebiet, Vulva, ...

Andere:
Grotte, Kerbe, Schrippe, Steckdose, Saftpresse, Schwanzschlucker, Bauchtasche, Votze, auch Fotze, Lustrille, Lustspalte, Penisfutteral, Scheide, Pissritze, Eierschaukel, Liebeshöhle, Lustgrotte, Schwanzfutteral, Pflaume, Möse, Fickritze, ...

Nette Bezeichnungen für das Mannesteil:
Lingam, Schwanz, Stange, Prügel, Johannes, Latte, Penis, Phallus, ...

Andere:
Nille, Schwengel, Stöpsel, Flöte, Ritzenhobel, Schniedel, Dödel, Rute, Mösenstecker, Pinsel, Lustrüssel, Pimmel, Kolben, Lochputzer, Luststab, Samenschleuder, ...

Nette Bezeichnungen für sexuelle Tätigkeiten:
Beischlafen, Miteinander schlafen, Liebe machen, verkehren, poppen, es tun, reiten, bumsen ...

Andere:
Ficken, knallen, vögeln, hobeln, bürsten, nageln, flachlegen, treiben, einlochen, Dosenbohren, besteigen, stechen, löten, pimpern, rammeln, Matratzensport, Rohrpost, beglücken, stochern, eindringen, besorgen,

decken, nummern, Schnecke füttern, knattern, Rohr verlegen, Eier schaukeln, orgeln, bürsten, stöpseln, geigen, einlochen, aufbocken, stempeln, pinseln, abtauchen, stößeln, orgeln ...

Dann gibt es noch:
"Goldfisch-Sex" - Sex ohne Beteiligung der Hände!
"Pyjamaparty" - Gruppensex!
"Blowjob" - Oralsex am Mann!
"Cunnilingus" Oralsex an der Frau!

Selbstbefriedigung

Selbstbefriedigung kann sehr wichtig für junge Menschen sein. Sie ist eine Form der Eigenliebe, die nötig ist, um sich sexuell selbst zu erkennen und zu lernen mit seinen Gefühlen umzugehen. Nur wer sich und seinen Körper lieben kann, ist auch bereit, sich selber angenehme Gefühle zu bereiten. Manch einem reichen da schon Eigenbeobachtungen vor einem Spiegel oder Streicheleinheiten an sich selber, andere treiben die Spiele an sich weiter. Ab einem bestimmten Punkt dann, kann sie oder er einfach nicht mehr aufhören sich zu erregen und es kommt früher oder später zu einem ersten Orgasmus. Ab diesem Augenblick hat er oder sie die Selbstbefriedigung für sich entdeckt und sie werden danach gefühlsmäßig nicht mehr dieselben Menschen sein, die sie vorher waren. Sie werden es von nun an immer wieder mit sich selber versuchen. Ziemlich schnell werden sie lernen ihre ganz persönlichen Lustmöglichkeiten zu entdecken, um immer neue Varianten auszuprobieren.

Generell kann man sagen, dass Menschen die mit ihren Gefühlen in Einklang leben und sie so akzeptieren, wie sie sind, den ersten Schritt getan haben, in ein eigenständiges sexuelles Leben, sie haben die Voraussetzungen dafür geschaffen, um einen anderen Menschen körperlich lieben zu können.

Ich weiß, früher wurde oft behauptet, dass die Selbstbefriedigung schädlich wäre und es wurde in diesem Zusammenhang sehr viel Blödsinn verzapft. Selbst gelehrte Leute wie Wissenschaftler oder Doktoren schlugen mit in diese Kerbe.

Wie man früher annahm, praktizieren es vor allem jugendliche Männer, teil aus Mangel an entsprechenden Partnerinnen, teils aber auch nur als lustvolle Erregung und Entspannung. Heute aber weiß man, das auch ein Großteil der jungen Mädchen Selbstbefriedigung betreiben.

Ich kann nur empfehlen es oft und häufig zu tun, denn es nutzt genau so dem männlichen wie dem weiblichen Organismus, außerdem kann es denjenigen gut auf eine spätere Partnerbeziehung einstimmen. Wer aber nun glaubt, dass dieses ganz persönliche private Ritual einer Selbstbefriedigung nur auf junge Menschen beschränkt bleiben würde der irrt. Ebenso irrt derjenige, der glaubt, Menschen tun es nur aus Mangel an entsprechenden Partnern. Selbstbefriedigung wird in allen Altersgruppen und von allen Geschlechtern betrieben, ja auch wenn sie in einer festen Partnerschaft leben. Die Frage steht dann oft nur, ob man es nur tun sollte, wenn man alleine mit sich selber ist oder ob man es vielleicht auch in Gegenwart eines Partners tun sollte. Vor diesem Problem stehen oft Frauen, die nach einem unbefriedigenden Geschlechtsverkehr in die Versuchung geführt werden, es sich hinterher selber zu machen. Manche Frauen haben Angst, dass es ihr Partner bemerken könnte und es darum heimlich auf der Toilette machen. Natürlich gibt es auch Männer, die wissen was ihre Frau regelmäßig hinterher tut und es sogar hinnehmen, wenn sich ihre Frau im Bett selber befriedigt. Wieder andere schauen ihrer Frau dabei sogar zu und erregen sich daran zusätzlich oder sie tun es sogar gerne gemeinsam voreinander.

Wie auch immer, die Selbstbefriedigung hört eigentlich nie ganz auf, selbst in hohem Alter machen es Frauen und Männer gleichermaßen. Männer machen es natürlich anatomisch bedingt meist mit den Händen, manchmal muss auch ein feuchter Waschlappen oder ein rohes Schnitzel herhalten. Bei Frauen ist es meist etwas anders, Frauen müssen aufgrund ihrer Anatomie, doch in der Mehrzahl mechanische Hilfsmittel benutzen. Es gibt da eine ganze Dildo- und Vibratorindustrie, die gerade damit ihr Geld verdient.

Wer aber nun denkt, dass es nach der empfängnisbereiten Zeit der Frau aufhört, der irrt wiederum. Gerade die ältere Generation, Frauen über 60 kaufen besonders häufig Sexspielzeug, allerdings in einer etwas deftigeren Form, als junge Mädchen. Die kleinen niedlichen Dildos und Vibratoren haben ausgedient. Was im Alter interessant wird, sind meist größere Teile, die noch so einige Zusatzfunktionen beinhalten. Nun werden Teile interessant die vielleicht noch einen Klitorisfinger und sogar noch einen Analfinger besitzen. Auch die Stufen einer möglichen Vibration sollten schon heftiger sein. Bohrende und kreisende Bewegungen sind gefragt, mit möglichst zwei oder drei unabhängigen Motoren. Warum? Ganz einfach weil im Alter die Empfindungsfähigkeit meist abnimmt und um die gleichen Effekte wie früher zu erreichen, sind eben mehr und heftigere Bewegungen nötig, um zu einem wirklich befriedigenden Orgasmus zu kommen.

Etwas ist im Alter da sicher auch noch anders, besonders wenn da eine feste Partnerschaft oder Ehe existiert. Da im Alter bei Männern die Erektionsfähigkeit

abnimmt, kommt es häufiger vor, dass die Frau mit Wissen vom Partner sich selber sexuell befriedigt oder aber sogar in seiner Gegenwart, vielleicht sogar mit seiner Hilfe, was sicher die optimale
Variante für alternde Paare ist. Ich habe schon beobachten können, wie Rentnerehepaare in Sexshops gehen und sich zusammen über die verschiedenen Varianten von Sexspielzeug beraten ließen und die verschiedensten Gegenstände eingekauft haben. Wie ich öfters bemerkt habe, werden von Älteren am meisten Gleitgels- oder Creme gekauft. Was ein deutliches Indiz dafür ist, dass es diese Altersgruppen wirklich selber benutzen. Denn Fakt ist nun Mal, das ältere Frauen oft Probleme mit ihrer vaginalen Trockenheit haben. Junge Frauen hingegen werden meist ziemlich schnell feucht und benötigen solche Mittel seltener. Soweit zum Thema Sex.
Wir wollen nun aber keineswegs den Frauen den "Schwarzen Peter" zuweisen. Sicher passiert so etwas auch umgekehrt, aber sicher seltener. Wohlhabende Frauen leisten sich dann oft einen Gigolo, einen männlichen Prostituierten, der ihr dann all das gibt, was ihnen ihr Mann nicht bietet oder nicht mehr bieten kann.

Normales Sexbedürfnis

Die Frage, was Normal sei, ist ganz schwer zu beantworten. Jeder Mann und jede Frau wird ihnen etwas anderes sagen. Junge Männer behaupten oft, dass sie jeden Tag mindestens zwei Mal könnten, etwas Ältere sagen vielleicht täglich oder zumindest jeden zweiten Tag. Ab dem 50sten Lebensjahr vielleicht ein- oder zweimal die Woche.

Junge Frauen mögen es sicher einmal täglich, etwas ältere mindestens zwei Mal die Woche.

Martin Luther meinte damals, im fünfzehnten Jahrhundert, "zwei Mal die Woche schadet weder ihm noch ihr!" Als durchschnittlicher Mann, würde ich es auch so bestätigen. Gewiss in einer neuen Liebe passiert es sicher öfter, lässt aber dann doch langsam stetig nach. Auch hier gilt "die Ausnahme bestätigt die Regel!" Auch in dieser Beziehung gelten große Abweichungen nach oben und unten. Was für den Einen zu wenig ist für den Anderen schon zu viele. Sicher ist so etwas bei der Partnerwahl wichtig, die beiden Partner sollten doch ziemlich ähnliche Sexhäufigkeiten im Sinn haben. Zu große Bedürfnisunterschiede sollte jeder vermeiden. Ich weiß, manchmal geht es nicht anders, man ist heftig verliebt und man tut es dann eben doch öfter nur dem Partner zuliebe. Auf Dauer jedoch ist das keine gute Voraussetzung für längere Partnerkontakte. Eine von ihnen oder auch alle beide werden immer unter einem Defizit oder unter einem zu viel leiden, auch wenn sie es nicht offen zugeben würden.

Erste Partner-Sex-Erfahrungen

Eine Sonderform habe ich als jüngerer Mensch jedoch erfahren können. Ich muss da so 16 oder 17 Jahre alt gewesen sein. Eine wesentlich ältere Frau, sie muss schon weit über 50 gewesen sein, für die ich öfter Besorgungen erledigte, weil sie nicht richtig laufen konnte, interessierte sich plötzlich für mich. Sie küsste mich immer sehr feucht zur Begrüßung mit ihrer Zunge und ich fand es schön, vielleicht weil ich auch noch wenig Kusserfahrungen hatte. Sie küsste einfach super. War es anfangs für mich eine interessante Erfahrung, so änderte sich, dass bald als wir uns immer länger und länger küssten, das heißt, eigentlich küsste sie ja mich und nicht umgekehrt. Ich bekam in der Folgezeit immer sofort einen Harten, wenn sie mich so liebevoll und ausdauernd küsste. Irgendwie war es mir peinlich, das sie es bemerken könnte, und drehte mich beim Küssen immer irgendwie unten herum weg von ihr. Tatsächlich fragte sie mich ein ander mal, warum ich mich immer wegdrehen würde - ob es mir nicht gefallen würde? Das Es mir gefiel bestätigte ich ihr, nur begann ich aus Verlegenheit, herumzustottern Sie schaute mich streng an und meinte, dass sie es längst bemerkt hätte, was ich zu verbergen suche. Dass ich noch nie etwas mit einem Mädchen begonnen hätte, sagte sie mir auf den Kopf zu, was mir natürlich einen roten Kopf einbrachte. Ich sollte mich nicht so zieren und meinen Gefühlen freien Lauf lassen, meinte sie. Und dass sie mir schon helfen würde, damit fertig zu werden. Sie fragte noch, ob ich ihr vertraue.

Natürlich bestätigte ich ihr das, denn sie war wirklich eine sehr nette Frau. Ich versuchte, in Zukunft ihrer Ansage zu entsprechen. Beim nächsten Begrüßungskuss tat ich, wie sie mir geraten hatte. Ich presste meinen Harten gegen sie. Als sie mich so einige Minuten gefühlt hatte, öffnete sie vorsichtig meinen Hosenschlitz und holte ihn heraus.

Nach diesem Eröffnungsspiel war der Bann gebrochen. Die ersten Male machte sie es mit der Hand, und weil es mir sehr gefiel, ging ich nun täglich für eine halbe Stunde zu ihr. Von heute betrachtet, glaube ich, dass sie mich einesteils wie einen Sohn liebte, aber andererseits mir selbstlos etwas zu geben bereit war, was ihr keinen persönlichen Nutzen brachte? Diese ältere Frau muss mich demnach wirklich geliebt haben. Warum sonst tat sie es, doch nicht nur unserer ausgedehnten Küsserei wegen. Oder reichten ihr unsere Küsse schon als Gegenleistung sozusagen? Jedenfalls ging sie von sich aus zu keiner Zeit unserer fast 2 jährigen Beziehung über die Küsserei und Handbefriedigung hinaus. Das änderte sich erst, als ich ein junges, hübsches Mädchen kennenlernte und ich sie nach ihrem Rat fragte. Ich wollte von ihr wissen, wie ich es am besten beim ersten Mal mit diesem Mädchen anstellen sollte. Anstelle langweiliger Erklärungen zeigte sie mir, wie ich praktisch vorgehen müsste. Ich war ihr natürlich sehr dankbar für ihre tatkräftige Hilfe. Innerhalb weniger Tage zeigte sie mir an praktischen Beispielen alles, was man mit einem weiblichen Wesen so machen könne. Irgendwann entließ sie mich mit den Worten: Jetzt bist du bereit, mehr kann ich dir nicht zeigen, nun must du allein sehen, wie du damit klarkommst! Und tatsächlich passte alles, wie es nicht hätte besser passen können. Schon in den Nächsten Tagen entjungferte ich das Mädchen sehr vorsichtig, genau so, wie sie es mich gelehrt hatte. Was soll ich dazu noch sagen? Mit dem Mädchen hatte ich bald schon eine ziemlich feste Beziehung, die keine Wünsche offen ließ.

Mein persönliches allgemeines Fazit dazu. Um eine bessere Umgangskultur unter Jugendlichen in Sachen Sex zu schaffen, sollten sich viel mehr ältere, unabhängige Frauen, um die anfängliche Sexualität von Jugendlichen kümmern. Was würde einer Frau von über 50 schon abgehen, einen jungen, sexuell unerfahrenen Jugendlichen in die Sexualität einzuführen? Es würde sicher auch dafür nützlich sein, die Aggressionen und Frustrationen vieler Jugendlicher abzubauen. Es ist doch eine bekannte Tatsache, dass vor allem männliche Jugendliche die jeden Tag befriedigenden Sex haben, viel entspannter und friedlicher sind, als solche die ständig unter sexuellem Druck stehen, den sie nicht erschöpfend befriedigen können!

Eine Bemerkung noch zu meiner verflossenen Sexlehrerin. Auch noch lange, nachdem ich mit meinem Mädchen zusammen war, half ich ihr manchmal noch ab und an, sei es mit Besorgungen oder Transporten. Dabei ergab es sich ab und zu, dass ich bei ihr auch manchmal zu einem Schäferstündchen blieb. Allerdings war es dann ganz anders als am Anfang unserer Beziehung. Sie forderte mich richtig mit allem was dazugehörte, denn auch sie wollte nicht einfach nur penetriert werden, sondern auch befriedigt. Natürlich tat ich ihr ab und zu den kleinen Gefallen, von mir jedenfalls aus Dankbarkeit, dass sie mich damals so sanft in die Sexualität eingeführt hatte. Allerdings hatte ich später immer den Eindruck, dass es gar nicht mehr um mich ging, sondern eher einzig und allein um ihre Befriedigung, die ich ihr allerdings immer verschaffen konnte.

Mit dem Mädchen war ich dann noch einige Jahre zusammen, trotzdem aber besuchte ich meine Lehrerin immer wieder gerne. Die Abstände wurden zwar größer, aber dennoch war ich gerne wieder einmal mit ihr zusammen. Irgendwann jedoch verschwand sie aus meinem Leben, sie zog zu ihren Kindern nach Übersee. Bald danach erzählte ich meiner Partnerin von dieser lang dauernden Beziehung. Erstaunlicherweise verstand sie mich besser als ich erwartet hatte. Manchmal aber zog sie mich doch etwas auf damit. Ich allerdings aber zog die alte Dame manchmal gedanklich in unsere Sexspiele mit ein, sodass zumindest für mich ein zusätzlicher Reiz entstand.

Will damit sagen, dass man solch eine sexuelle Einführung im jugendlichen Alter sein Leben lang nicht vergisst und immer wieder gerne daran zurückdenkt.

Aber das ist eben nur mein persönlicher Eindruck, den ich mir im Laufe meines Lebens gebildet habe - ich würde da allerdings noch sehr viel weiter gehen und daraus regelrechte Schulungen machen.

Ausreden gegen Sex

Ab und an gebrauchen beide Geschlechter irgendwelche Ausreden, wenn sie mal keine Lust haben, wobei Frauen die häufigsten und skurrilsten Ausreden verwenden.

Migräne, Kopfschmerzen, Seitenstechen, Bauchschmerzen, allgemeines Unwohlsein, sind wohl die häufigsten Ausreden. Warum Frauen überhaupt oft Ausreden benutzen? Vielleicht weil ihnen der Sex keinen Spaß macht, weil sie durch irgendetwas zu sehr abgelenkt sind, weil sie vielleicht an einen anderen Mann denken und sich nicht durch eine ungeschickte Bemerkung verraten möchten? Eine selbstbewusste Frau, die normalerweise gerne oft und häufig Sex hat, wird kaum zu Ausreden greifen, sie wird offen sagen, dass ihr vielleicht heute nicht nach Sex ist und ihr Partner das nicht übel nehmen möchte. Jedenfalls sind direkte Ansagen immer der bessere Weg, als zu irgendwelchen Ausreden zu greifen, um den Partner nicht unnötig misstrauisch werden zu lassen.

Männerausreden sind oft anders begründet. Mal ist es die viele Arbeit, mal die Müdigkeit, weil der Tag so anstrengend war. Eine Mannesausrede kann allerdings auch einen ganz anderen Grund haben. Zum Beispiel wenn er gerade eine kleine Seitensprungaffäre hatte und diese andere Frau ihn bis zum Letzten ausgesaugt hatte, im wahrsten Sinne des Wortes. Sie können dann einfach kurz danach nicht mehr und haben Sorge, dass es ihrer eigentlichen Partnerin auffallen würde. Es kann auch hinter ihrer Ausrede eine ganz simple Tatsache stecken. Sie haben es sich erst kurz zuvor eben selber gemacht und jeglicher Sexdruck ist nun aus ihnen gewichen. Das kann dann passieren, wenn sie gerade überhaupt nicht mit ihrer Partnerin rechnen, weil sie vielleicht auf Reisen war und nun früher zurückkehrt als geplant! Also ihr Frauen vermutet bitte nicht gleich hinter jeder Mannesausrede eine andere Frau - schließlich kann er sich gerade eben selber befriedigt haben. Also kein Grund zur Eifersucht - auch Männer haben manchmal heftige, unerfüllte Triebe, die sie spontan ausleben müssen!

Freundschaftlicher Sex

Keine Frage - wenn beide dasselbe wollen, haben sie das große Los gezogen. Ein Paar, das sich für unverbindlichen Sex entscheidet, kann damit genau so glücklich sein, als es ein Paar mit Liebe. Einen Unterschied gibt es allerdings - das Sexpaar sollte sich immer wieder aufs Neue absprechen, neue, nur für sie gültige Regeln erschaffen, um nicht enttäuscht zu werden. Tatsächlich können sich reine Sexpartner auch gegenseitig enttäuschen, wenn sie irgendetwas tun, was so nicht gedacht war. Eine gewisse Ehrlichkeit sollte auch in reiner Sexbeziehung bestehen - zusätzliche Sexpartner sollten unbedingt angegeben werden - auch über tatsächliche Verhütungen, Schutz vor Ansteckungen sollten diskutiert werden. Ebenso verlang es die gegenseitige Achtung deutlich anzuzeigen, wenn eine Beziehung abgebrochen werden soll. Es sollte keiner der Partner alleine im Regen stehen bleiben. Es langsam ausklingen zu lassen, ist immer die bessere Lösung, ebenso ein weiterhin freundschaftliches Verhältnis aufrecht zu halten, das die Möglichkeit einräumt, vielleicht ab und zu, oder bei Bedarf, sich anzurufen, um es doch wieder mal miteinander zu tun.
Wie heißt es in einem alten Schlager? "Die Tasse Kaffee oder auch das Glas Wein trinke ich noch immer gerne mit dir allein. Wenn dir so ist, dann ruf doch an und melde dich kurz an." So etwas tun Freunde und auch bloße Sexfreunde ...

Eine solche Sexbeziehung auf Freundschaftsebene kann auch auf Dauer sehr erfüllend und befriedigend für beide Partner sein, solche Konstellationen gehen oft über Jahre, manchmal so gar über eine Eheschließung hinaus. Es gibt durchaus Ehen, in denen solche externen Sex-Beziehungen geduldet werden, wenn sie nicht überhandnehmen und die eigene Partnerbeziehung nicht darunter leidet. Ich kenne einen Fall einer verheirateten Frau, der fast schon ihr ganzes Leben lang funktioniert. Der externe Sexpartner wurde sogar manches Mal zum Kaffee eingeladen, weil er in erster Linie ein guter Freund war, in zweiter Funktion natürlich auch manchmal mit in ihrem gemeinsamen Bett über Nacht blieb und wenn es sich ergab und der Ehemann einmal einfach nicht wollte oder konnte, schlief der Freund einfach mit seiner Frau. Es war nichts dabei und keiner nahm dem anderen etwas übel. Sicher war das eine seltsame und seltene Konstellation - aber sie funktionierte ohne jeden Argwohn und ohne Eifersüchteleien.

Wie zeige ich, dass ich Lust habe?

Dafür gibt es sicher keinerlei allgemeingültige Formeln. In jeder Partnerbeziehung muss es sorgfältig erarbeitet werden. Der Eine möchte Worte, deutliche Worte hören, der Andere überhaupt kein Wort dazu. Viele wollen es ohne irgendwelche Worte angezeigt bekommen - eine Geste, eine Berührung, bestimmte Küsse ... wieder Andere ritualisieren ihre Einleitung. Ein Glas Wein zu einer bestimmten Uhrzeit, ein feierlich gedeckter Tisch, mit Kerzen vielleicht. Ein Theater- oder Kinobesuch. Wieder andere treffen Absprachen, z. B. jeden Samstag um 21 Uhr, zusammen baden, um dabei- oder danach ihren Sex zu machen. Manch einer mag nun denken, dass immer zur selben Uhrzeit nicht die tatsächlichen Gefühle berücksichtigt werden. Das mag auf den ersten Blick so scheinen, es ist aber doch so, wenn man den Tag und die Uhrzeit kennt, kann man sich seelisch und moralisch darauf einstellen und dazu eine Art Vorfreude entwickeln, die allein schon eine heftige Erregung auslösen kann. Ja, ich bin einer der Vertreter einer terminlichen Absprache, sie hat jedenfalls bei mir jahrelang erfolgreich funktioniert! Solche Absprachen bedeuten nicht, dass sonst alles tote Hose sein muss, je nach Gefühlslage kann außerdem zu jeder anderen Zeit eine Vereinigung stattfinden. Es wäre ja töricht nur auf reine Absprachen zu setzen - das Gefühl käme dabei ganz sicher zu kurz. Nein es sollte schon so sein, dass die terminliche Absprache das Grundgerüst sei, damit man vor lauter Arbeit den Sex nicht aus den Augen verliert. Nichts ist für einen wartenden Partner schlimmer, als einfach sexuell übersehen zu werden. Ist sonst zwischen ihnen in der Woche gelaufen, so wissen sie doch genau, dass am Absprachetag mit Sicherheit doch etwas passieren wird. Wenn aber abgesprochen wird, sollte man durchaus auch noch etwas ins Detail gehen - nicht einfach nur Sex vereinbaren, sondern die Vereinbarung so gestalten, dass beide etwas davon haben. Ich weiß, Männern gelingt es fast immer, ihre Befriedigung zu finden. Ich meine, auch mehr auf die speziellen Bedürfnisse der Frau einzugehen. Alles eben solange fortzusetzen, bis auch sie ihren Orgasmus hat oder aber was auch möglich sein kann, erst dann wirklich abzubrechen, wenn sie es sagt oder der Meinung ist, dass es diesmal unter diesen Umständen nicht zu ihrer Befriedigung kommen kann, warum auch immer. Aber das Signal zum Abbruch sollte immer von der Frau ausgehen. Es darf nicht passieren, das sie dann zu ihm sagen muss Ähnliches wie: "Na weist du, wenn du noch etwas weiter gemacht hättest, wäre ich auch noch gekommen!"Nicht gelten lassen sollten beide eine Situation, in der er sein Pulver vielleicht mehrfach verschossen hat und nicht mehr in der Lage ist sie weiter zu penetrieren. In einem solchen Fall ist immer Einfallsreichtum gefragt - es gibt viele, sehr viele Möglichkeiten, sie auch ohne Penetration zum ersehnten Orgasmus zu führen. Solche Möglichkeiten sollten immer erst noch versucht werden, bevor der Mann regelrecht aufgibt! Egal wie viel Mühe es dem Mann auch bereiten mag - jede Frau wird ihm das gewiss auf die eine oder andere Weise danken. Denn nichts ist für eine Frau schlimmer, als kurz vor einem noch möglichen Orgasmus, abzubrechen.

Also Männer - tut das Mögliche, eure Partnerinnen zu befriedigen, auch wenn es manchmal etwas schwer fallen mag! Frauen erkennen euer Bemühen und lieben euch dafür um so mehr. Es sollte von vornherein nichts ausgeschlossen werden. Auch eine Überlegung vielleicht Sexspielzeug mit einzubeziehen, um schneller auf den Punkt zu kommen. So etwas kann für beide Partner sehr erregend und reizvoll sein.

Sind Frauen unter sich, wird oft solch ein Thema berührt. Fragt dann die eine: "Wie ist das eigentlich bei euch, wenn ihr Sex habt, seid ihr dann immer hinterher befriedigt?" Eine der möglichen Antworten könnte dann sein: "Meistens ja" oder "eher selten" oder gar "fast nie".

Bei "meistens ja", werden andere Frauen sicher hellhörig und versuchen nach kurzer Bewunderung weiter zu fragen, natürlich besonders solche, die mit "fast nie" geantwortet haben.

Nein niemand braucht dann ins Detail zu gehen, nur sollte schon unter guten Freundinnen so viel gesagt werden wie: "Wenn er es mit seinem Mannesteil nicht mehr weitermachen kann, macht er es eben anders!" An diesem Punkt aber scheiden sich die Geister, einesteils entsteht Betroffenheit, weil der Mann der Freundin dann einfach abbricht - andererseits können sich manche Frauen nicht vorstellen, was denn der Mann danach noch tun müsste? Das heißt, manche wissen es schon, sie wissen aber auch, dass sie so etwas von ihrem Mann nicht verlangen oder bekommen könnten!

Oft besteht dann nur ein Mangel an Kommunikation, manchmal aber schämen sich Frauen zuzugeben, dass dies, was ihr Mann bietet, nicht ausreicht, um sie wirklich glücklich zu machen.

Frauen, redet mit eueren Männern darüber! Wenn sie nicht von selbst darauf kommen, dann sagt ihnen einfach, wie ihr es gerne hättet! Aber bitte nicht in stückchenweisen undeutlichen Umschreibungen - Klartext ist angesagt! Die Männer müssen ja nicht unbedingt alles so befolgen, wie ihr es wollt - aber dennoch sollten sie Bescheid wissen, was ihr mehr oder weniger von ihnen erwartet! Wenn Frauen manchmal sagen, dass ihr Sex zu eintönig und langweilig sei, dann meinen sie gewiss nicht, die Art und Weise, wie ihre Männer es mit ihnen tun. Wenn Frauen bisweilen sagen, dass ihr Sex langweilig ist, meinen sie meist etwas anderes. Sie meinen, dass ihnen ihr Sex keine ausreichende oder überhaupt keine Befriedigung bereitet. Sie haben oft Hemmungen es wirklich offen auszusprechen. Befriedigender Sex wird niemals langweilig, auch dann nicht, wenn immer dieselben Rituale ablaufen. Entscheidend ist das Gefühl dabei und danach. Manchen Frauen reicht ein einziger heftiger und erfüllender Orgasmus, andere benötigen es mehrmals hintereinander. Entscheidend ist nur die Tatsache, dass sie sich nicht nur körperlich, sondern auch gefühlsmäßig befriedigt fühlen. Solche regelmäßige und allseitige Befriedigung lässt eine Frau so manches Problem leichter ertragen und lösen. Auch ganz allgemein wirken solche Frauen ausgeglichener, hübscher, begehrenswerter. Nicht umsonst sagt der Volksmund von zänkischen und frustrierten Frauen, dass sie wohl lange keinen Orgasmus mehr hatten. Natürlich ist da etwas Wahres dran. Also Männer, seht zu, dass eure Partnerinnen regelmäßig befriedigenden Sex haben - auch ihr habt mehr davon!

Was Liebe nicht ist

Mit Liebe ist nicht gemeint, männliches Fleisch in weibliches Fleisch zu stecken. Solches Tun ist Sex und hat erst einmal mit Liebe wenig zu tun. Auch der Ausspruch "Liebe machen" meint in Wirklichkeit nicht Liebe, sondern Sex. Sex aber sagt nichts oder nur wenig über Liebe aus.

Sex ist Kopulation, Befriedigung der körperlichen Lust, Ausleben der Gelüste, der inneren und äußeren Begierde. Sex kann eine Art der Selbstbestätigung sein. Sex kann aber auch nur dazu dienen zu zeigen, dass ich es kann. Sex kann hilfreich sein um Aggressionen, Wut oder Frust abzubauen. Allerdings benötigt man zum Praktizieren von funktionierendem, penetrierenden Sex einen Partner und eine gewisse Körperreife, zumindest sollte ein Partner soweit entwickelt sein, dass die entsprechenden Organe ungefähr zusammenpassen, sodass eine gefahr- und schmerzarme Penetration möglich ist.

Sex kann gewiss auch ohne Liebe sehr schön sein, allerdings auch abhängig machen wie eine Droge, man braucht immer mehr um die ersehnte Befriedigung zu erreichen. Irgendwann kann liebloser Sex zu mehr oder weniger perversen Praktiken führen, zu SM und bei manchen Menschen dann sogar irgendwann zu purer Gewalt, Nötigung, Schmerzen bei immer wechselnden Partnern. Die Sucht nach Befriedigung wächst, kann allerdings immer weniger Erfüllung finden. Irgendwann trifft man auf eine unüberwindliche Leere, eine Gefühlskälte, die alles weitere und Zukünftiges negiert. Man fragt sich was nun, war das alles, was ich vom Leben erwartet hatte? Manch einer zieht sich in sich selber zurück, ein anderer sucht sich Ersatzbefriedigungen in vielfältiger Form!

Viel sicherer und unkomplizierter ist der Eigensex, zwar wird dabei nicht penetriert, jedoch für junge, pubertierende Menschen eine ziemlich sichere Methode sich zu entspannen.

Liebe ist anders

Liebe hingegen ist etwas anderes. Um Liebe zu fühlen, braucht man keine bestimmte Reife, kein bestimmtes Alter, keine Hilfsmittel. Ich weiß nicht genau, wann kindliche Liebe einsetzt? Gewiss sollte es in den ersten Lebensjahren die Mutter sein, die dieses Gefühl vermittelt. Fehlt diese frühkindliche Vermittlung, wird auch im späteren Leben irgendetwas nicht ganz rund laufen, zumindest was die Empfindungen und Gefühle für Liebe betreffen.
Allerdings wird das Wort Liebe oft fälschlich verwendet.
"Ich liebe dich" wird sehr oft gesagt, viel zu oft, aber meint man es auch wirklich?
Werden diese drei Worte nicht oft nur gesagt, weil man etwas mehr erreichen will oder zu einem ganz bestimmten Zweck? Es gibt kaum irgendwo einen größeren Unterschied zwischen dem Gesagten und den tatsächlichen Empfindungen..
Wenn eine Frau sagt "mein Liebster" was meint sie dann? Doch sicher erst einmal nur die Tatsache, dass sie mit diesem Mann Sex hatte oder hat oder sicher sehr bald welchen haben wird. Auch die Aussage "mein Liebling" sagt nicht viel. Auch "mein Liebling" oder heute "mein Lover" ist oft nur eine Umschreibung, dafür, dass sie vielleicht gerne mit ihm ins Bett geht. Gerne mit einem bestimmten Mann ins Bett gehen, bedeutet für eine Frau doch oft nur, dass er guten Sex macht, dass er sie gut befriedigt oder dass sie sich gerne von ihm penetrieren lasst. Für einen Mann ist die Bedeutung ähnlich. Die Frau sollte unkompliziert sein,

möglichst keinen Stress machen und er sollte sie zu jeder Zeit vögeln können oder sich von ihr in anderer Weise befriedigen lassen. Vornehm ausgedrückt: "Wir sind zusammen!" Liebe ist des Öfteren nicht vorhanden und auch gar nicht nötig, oft sogar nur störendes Beiwerk. Solche Zweckgemeinschaften zur gegenseitigen sexuellen Befriedigung sind heutzutage recht häufig, was ja soweit auch durchaus in Ordnung ist. Natürlich gibt es jenseits davon auch noch Freundschaften zwischen den Geschlechtern. Zwei Menschen die sich im Allgemeinen gut verstehen und viel miteinander tun und erleben, Gemeinsamkeiten miteinander bereden und sich offen über alles Unterhalten, auch über Intimes, sich vielleicht oft noch kuschelnd aneinanderlehnen, geraten manchmal in Situationen, die gegenseitigen Trost erfordern. Aus ihren harmlosen Umarmungen aber wird langsam mehr, ihre Gefühle beginnen ein Eigenleben. Aus tröstlichen Umarmungen und flüchtigen Küssen werden sanfte, zärtliche Berührungen. Sie lernen sich immer besser kennen, was sollte sie nun noch moralische Bedenken hindern, sie tun es miteinander, weil es eben schön ist und sie auf andere Gedanken kommen, ohne weiter darüber nachzudenken. Sie befriedigen sich gegenseitig, bis gar nichts mehr geht, bis sie schließlich erschöpft, aber glücklich nebeneinanderliegen bleiben. Sie haben etwas getan, das notwendig war und sie sind zufrieden mit dem, was geschah. Es gibt keine Reue, keine Gewissensbisse, keinen schlechten Nachgeschmack. Sie waren vorher Freunde und werden es auch weiterhin sein. Vielleicht war ihr intimes Zusammensein nur einmalig, vielleicht aber wiederholt es sich noch öfter? Es wäre dann eine Freundschaft plus Sex! Tatsächlich geschieht so etwa relativ oft.

Aber Liebe ist auch das noch nicht. Allerdings kann solche eine freundschaftliche Beziehung manchmal auch zu einer wirklichen Liebesbeziehung mutieren. Der Umschwung zu Liebe wird in dem Augenblick erreicht, in dem der eine Partner fühlt, das den anderen etwas bedrückt, dass er ein, wie auch immer geartetes Defizit hat und das er nun uneigennützig bestrebt ist, dem anderen zu helfen - natürlich manchmal sehr weit über die eigenen Bedürfnisse hinaus. Für den anderen, lieben Menschen, etwas zu tun, was ihm selber keinen Nutzen bringt, kann bereits der Beginn einer Liebe sein!

Wie oft sagt man einfach: "Ich liebe meine Kinder, meinen Sohn, meinen Vater, meine Mutter" - und doch kommen wir dem eigentlichen Begriff damit schon entscheidend näher. Denn bei allen diesen Floskeln meinen wir doch eher ein sehr positives Gefühl oder eine gefühlsmäßige Bindung, die dem Begriff "Liebe" auf jeden Fall näher kommt als die bloße Sexbeziehung zu einem Freund oder einer Freundin.

Und wie sieht es aus mit "mein Lieblingsfilm, Lied, Stück, Kleidung, Tier, Pflanze, Auto, Fahrrad, Motorrad, Boot, Farbe, Musik ... usw., beliebig fortsetzbar?

Wie aber sieht es aus mit "Verliebtsein" oder ich habe mich in die oder den verliebt? Diese Gefühle hat sicher schon jeder irgendwann erlebt, diese Schmetterlinge im Bauch, dieses besondere erwartende Glücksgefühl? All die Vorstellungen dabei, was alles daraus noch werden könnte, sein eigenes Wunschdenken, wie es sich mit diesem anderen Menschen anfühlen oder entwickeln könnte. All die geträumten Wunschvorstellungen? Werden sie irgendwann in Erfüllung gehen?

Sex oder Liebe

Liebe aber ist anders, auch wenn es da scheinbare Parallelen gibt. Gewiss gehört auch Sex zur Liebe - aber er ist nicht das hervorgehobene Ziel allen Strebens. In der Liebe gelten besonders am Anfang ganz andere Kriterien. Sicher kann eine Liebe ohne Sex keinen dauerhaften Bestand haben. Mag es ansonsten zwischen zwei Menschen auch noch so gut laufen, alles andere perfekt sein - fehlt aber eine gewisse körperliche Nähe, fehlen Küsse, Berührungen, Streicheleinheiten - bleiben gewisse Bedürfnisse unerfüllt, wird nicht einmal über Defizite geredet ist es schon das Ende vom Anfang einer Liebesbeziehung.

Ich weiß, sehr viele haben sich schon an diesem Thema versucht, aber doch meist nur die Auswirkungen von Liebe beschrieben. Allerdings ist es ungleich schwerer, das tatsächliche Wesen der Liebe zu beschreiben. Es gibt Menschen, auch Paare, die die Liebe im wahrsten Sinne des Wortes praktizieren, ja sie täglich aufs Neue leben. Sie sagen es jedoch nie, weder zum Partner noch zu anderen, ja sie wissen es vielleicht nicht einmal selber, das sie sich wirklich und ehrlich einander lieben. Andere Paare hingegen sagen ständig, dass sie sich lieben -aber lieben sie deshalb wirklicher und intensiver als andere? Im Allgemeinen ist es doch so, dass am meisten darüber geredet wird, worüber die geringste Ahnung besteht. Sie glauben vielleicht sich zu lieben, sie glauben vielleicht das durch häufiges Aussprechen eine Liebe manifestiert werden könnte, die es tatsächlich zwischen Ihnen gar nicht gibt? Mit Worten allein ist jedoch Liebe weder auszudrücken noch zu zeigen, noch zu beweisen.

Dann steht natürlich auch noch die Frage, ob sie sich als Paar lieben, oder ob es in dieser Beziehung tatsächlich nur einen Partner gibt, der wirklich liebt und der andere doch nur der Nutznießer dieser gebotenen Liebe ist.

Liebe

Ich weiß, jeder versteht etwas anderes darunter, darum ist es auch so schwer, Allgemeingültiges aus dem Wust von Meinungen herauszufischen. Da gibt es auch noch die religiöse Liebe, die Liebe zu einem, wie auch immer genannten, Gott oder Schöpfer, die zum größten Teil aus imaginären Elementen besteht, die aber die Kirchen irgendwie an das tägliche Leben anzupassen versuchen. Zwangsläufig muss die Liebe zu einem Gott ganz anders beschaffen sein, als die zwischen sich liebenden Menschen oder einer Ehe.

Die Liebe zu einem Gott ist grundsätzlich erst einmal frei von irgendwelchen sexuellen Gedanken, oder besser gesagt sie sollte frei davon sein. Sie sollte frei sein von jeglicher Art von sexuellen Aktivitäten, was zum Beispiel die katholische Kirche mit ihrem relativ strengen Zölibat auch fordert. Trotz allem gab es zu allen Zeiten auch in Kirchenkreisen sexuelle Ausschweifungen. Nicht einmal Nonnen in Klöstern sind davon verschont geblieben oder wie wir aus jüngster Vergangenheit kennen die sexuellen Beziehungen, Erpressungen und Nötigungen von Minderjährigen und Jugendlichen in größerem Stil. Nur machen wir uns nichts vor, auch katholische Geistliche und Klosternonnen sind eben auch nur Menschen, die ihre Fantasien, ihre Gelüste immer wieder aufs Neue unterdrücken müssen oder eben nur insgeheim und unterschwellig ausleben können. Manche tun es heimlich, manche gleichgeschlechtlich und untereinander, oder auch Nonnen mit dem Bischof oder ein Pfarrer mit seiner Haushälterin. Sicher gibt es nur Wenige im Kirchendienst, die ihren Glauben wirklich so ernst nehmen und so standhaft sind, dass sie ausschließlich dem Herrn dienen, ohne sich jemals in eine sexuelle- oder Liebesbeziehung zu begeben.

Meiner Meinung nach ist das Zölibat völlig unzeitgemäß, menschenfeindlich, ja unmenschlich und sicher bringt es erst Probleme hervor, die es ohne das Zölibat gar nicht geben würde. Die evangelischen kirchlichen Würdenträger sind doch ein deutliches Beispiel dafür. Warum soll ein gottesliebender- und fürchtiger Mensch keine Liebesbeziehung haben dürfen?

Wie Liebe entsteht

Liebe kann völlig unerwartet und auch ganz spontan aus dem Nichts heraus entstehen. Jeder kennt die Redewendung: "Liebe auf den ersten Blick"! Ja, so etwas gibt es tatsächlich. Man sieht jemanden, redet vielleicht ein paar Worte miteinander, und dabei trifft es den einen oder auch beide wie ein Hammerschlag. Sie wissen dann sofort der und nur der, ist der richtige Partner für mich! Und das, obwohl beide so gut wie gar nichts voneinander wissen!
Der Normalfall ist das gewiss nicht. Viel öfter bauen sich solche Gefühle nur über einen längeren Zeitraum auf, man lernt jemanden immer besser kennen und schätzen, sie mag seinen Duft, seine Manieren, seine Bewegungen ja und auch seine Marotten, man ist gerne mit ihm zusammen, vielleicht kommt man sich bei einem gemeinsamen Heimweg näher?

Oftmals sind es kleine, unscheinbare Dinge, die jemanden liebenswert erscheinen lassen, eine Hilfe in der Not, ein abgewendeter Unfall, das Finden eines verlorenen Gegenstandes, eine Zeugenaussage oder etwas ähnlich banales.
Es wäre schön, wenn es ein Patentrezept gäbe, aber leider oder auch zum Glück ist die Liebe völlig unberechenbar, unvorhersehbar, ja sie entzieht sich jeder rationalen Prognose. Da helfen weder Wahrsager noch irgendwelche Hexenkulte. Seit uralten Zeiten sagt man der personifizierten Amorgestalt nach, dass er seine Pfeile verschießt und wie das bei Pfeilen so ist, nicht ein jeder trifft. Manchmal ist es sogar so, dass gar

nicht die anvisierten Personen von Amors Liebespfeilen getroffen werden, sondern danebenstehende, völlig unbeteiligte Personen. Ja man sagt, dass bei bestimmten Menschen die Chemie übereinstimmt - aber bei Liebe auf den ersten Blick kann doch das nicht stimmen - sie hatten ja noch gar keine Zeit um sich im wahrsten Sinne des Wortes zu beschnüffeln. Es muss da also noch anderes geben, etwas, dass man nicht erfassen oder auswerten kann, dass aber dennoch eine wichtige Rolle zwischen zwei sich gerade verliebenden Menschen spielen muss. Nur die Blicke allein können es doch sicher nicht sein. Die Wissenschaft ist schon ziemlich weit, man kann alle Funktionen und Auswirkungen der Liebe und von Sex messen, bewerten, skalieren, kann die Menschen scannen, durchleuchten, kann ins Gehirn vordringen. Ja, man kann Gehirnströme messen, sogar Gedankenmuster erstellen, aber zu erklären wie Liebe und warum Liebe überhaupt entsteht, reicht das alles aber nicht oder noch nicht. Selbst seriöse Partnervermittlungen, die Profile von vielen Tausend Menschen erstellen und sie dann in Beziehung zueinander setzen, irren sich sehr oft. Sie finden zwar oft Menschen, die perfekt zusammenpassen würden, aber garantieren, dass aus allen übereinstimmenden Merkmalen eine Liebe entstehen kann, können sie nicht einmal annähernd. Liebe also ist und bleibt Gott sei Dank ein unerklärliches Mysterium.

Es gilt immer noch das uralte Rezept. Wer in jemanden verliebt ist und möchte, dass sein Gegenüber dasselbe für ihn empfindet, sollte es dem Anderen in einer passenden Form mitteilen. Das "Wie" ist hierbei sehr wichtig, man sollte mit Kleinigkeiten anfangen - hier vielleicht eine einzelne Blume, eine Theater- oder Kinokarte dort ein paar nette Worte. Manchmal hilft auch ein lächeln, ein längerer Blick, eine zufällige Berührung der Hände, einen eben verlorenen Gegenstand zurückgeben, bei Regen einen Schirm bieten, ein wärmendes Kleidungsstück anbieten, einen Kaffee oder ein Eis mitbringen, ganz allgemein etwas Selbstloses für den Anderen tun ...

Ideale Möglichkeiten wären, kleine Reparaturen erledigen, eine abgesprungene Fahrradkette, eine Reifenpanne beseitigen oder ein verklemmtes Kleidungsstück lösen.

Ist die erste Annäherung auf diese Weise geschafft, kann man versuchen, mit vorsichtigen Worten das weitere Vorgehen zu ertasten. Kleine Komplimente über Kleidung oder Aussehen, so auch positive Äußerungen über bestimmte Fertigkeiten, dazu ein Lächeln oder ein Augenzwinkern. Im geeigneten Moment vielleicht auch eine Handberührung, ein tiefer Blick in die Augen des Anderen, das Zurechtlegen einer widerspenstigen Locke, ein Fussel oder eine Blüte aus dem Haar entfernen, ein lästiges Insekt abwehren. Etwas vorlesen, vielleicht aus einem Buch, dass zur dezeitigen Situation passt, ein Musikstück. Es gibt da sicher Tausende Möglichkeiten, die sich allein aus seiner Aufmerksamkeit und der genauen Beobachtungen seines Gegenübers nutzen lassen. Irgendwann merkt das Gegenüber, dass es um ihre oder seine Person geht, das der andere sich in jeder Beziehung Mühe gibt ihr oder ihm zu gefallen. Wenn es dann so weit sein sollte, dass sich ihre Gesichter einander nähern, gibt es vielleicht drei Möglichkeiten, wie der andere reagiert. Vielleicht weicht er zurück, wenn der andere seinem Gesicht noch näher kommt oder er hält einfach still und lässt sich mit den Lippen mehr oder weniger berühren. Vielleicht nähert er sich gleichfalls und es wird ein gemeinsam gewollter, erster Kuss. Was nun folgt, kann lang oder kurz sein - aber auch ein kurzer Kuss, sagt noch nichts darüber, wie es weiter geht. Bei einem längeren Kuss ist die Wahrscheinlichkeit größer, das es beide wirklich wollen. Aber Vorsicht auch ein langer Kuss muss nicht etwas Entscheidendes aussagen, es sei denn das kurz nacheinander ein nächster und übernächster Kuss folgen. Jetzt kommt es darauf an, in welchem Umfeld der Kuss stattfindet, auf einem öffentlichen Platz und unter Menschen?

Oder irgendwo in einem stillen Kämmerlein? Eines ist sicher unter Menschen bleibt es in der Regel bei einigen Küssen, egal wie sehr man auch mehr möchte. Im stillen Kämmerlein natürlich kann es ganz anders laufen, die Küsse sind vielleicht nur die Einstimmung auf mehr. Und wenn es bislang beiden gefallen hat, kann es zu ganz spontanen Entscheidungen kommen, entweder beginnt sie ihn auszuziehen oder sie tun es beide gleichzeitig. Was nach dem Ausziehen geschieht, ist relativ eindeutig, sie tun es auf die eine oder andere Weise, meist endet so etwas im Bett in einer mehr oder minder heftigen Kopulation. Nun kommt es darauf an, wie es beiden gefällt. Entweder stehen sie nach der einen Nummer wieder auf und ziehen sich an oder sie bleiben ausgezogen beieinander und wiederholen es bald darauf oder aber sie bleiben die ganze Nacht zusammen ...

Anscheinend haben sie es beide aus Liebe getan oder auch nur einer von ihnen. Waren sie tatsächlich die ganze Nacht zusammen und haben es noch öfters getan, scheint es zumindest so, dass beide etwas davon hatten, dass sie vielleicht zufrieden und glücklich noch zusammen Frühstücken, ehe sie auseinandergehen. Wenn es wirklich so schön war und auf keiner Seite ein bitterer Nachgeschmack bleibt, keinerlei Nachwehen auftreten, werden sie sich auch noch weitere Male verabreden. Vielleicht aber reden sie sogar schon über ihre weitere Zukunft, vielleicht planen sie auch schon etwas Gemeinsames. Wenn bis zu diesem Moment alles in Ordnung war und keine weiteren Probleme auftraten, kann man mit großer Wahrscheinlichkeit davon ausgehen, dass es zu mindestens eine längere Liebesbeziehung werden kann. Es kann aber auch wegen falschem oder ungeschickten Verhaltens eines Partners sehr schnell wieder in die Brüche gehen. In der Anfangsphase einer Liebesbeziehung ist immer Vorsicht geboten, jeder sollte versuchen so feinfühlig wie möglich auf den anderen einzugehen, keine unbedachten Worte aussprechen und vor allem keine, für den anderen unerfüllbare Forderungen stellen. Ist solch eine Liebesbeziehung erst einmal gefestigt, können Kleinigkeiten keine großen Störungen mehr hervorrufen. Jeder weiß nun in etwa, was er vom Anderen zu halten und zu erwarten hat. Es entsteht eine immer gefestigtere Liebesbeziehung, die nun selbst größere Störungen nicht mehr viel anhaben können.

Sicher war das eben nur ein Beispiel, wie es ablaufen könnte, sicher gibt es noch viele andere Möglichkeiten, wie eine Liebesbeziehung entstehen und sich weiter entwickeln kann. Was jedenfalls immer wichtig bleibt, sind Ehrlichkeit, Beständigkeit, Aufmerksamkeit dem Anderen gegenüber, Verlässlichkeit, Zuverlässigkeit, Sicherheit, ja auch Pünktlichkeit bei Verabredungen und nicht zuletzt die persönliche Treue. Unbegründete Eifersucht hingegen kann fatale Folgen haben und alles bisher sorgsam Aufgebautes zerstören. Auch Vermutungen und Unterstellungen sollte man möglichst ganz unterlassen. Ebenso schädlich können Einengungen der persönlichen Freiheit des anderen sein. Liebe kann nur frei von innen heraus gedeihen, ohne Zwang, ohne Druck oder Nötigung von außen, auch den Anderen vor irgendeine Wahl stellen schadet einer Liebesbeziehung.

Liebe kann auch ganz anders entstehen. Eine sehr lange Bekanntschaft auf Freundschaftsbasis oder eine gemeinsame Arbeitsstelle. Man kennt sich eben schon länger, redet vielleicht manchmal ein Paar Worte miteinander, oder sieht sich öfters in der Mittagspause. Durch irgendeine Bemerkung wird man plötzlich hellhörig. Er oder sie hat sich vielleicht scheiden lassen und fühlt nun eine plötzliche Leere. Was liegt da näher als mit dem Kollegen oder der Kollegin den Abend zu verbringen - vielleicht ein Kino- oder Theaterbesuch oder einfach nur so durch die Straßen schlendern und dabei erzählen, vielleicht über seine gescheiterte Ehe oder auch nur ganz allgemein über die Zukunft. Irgendetwas beim Erzählen weckt vielleicht ein gesteigertes Interesse, man fragt nach und der Andere antwortet bereitwillig. Plötzlich merkt man gewisse gleiche Interessen - Dinge, die einem vorher nie aufgefallen waren, weil man ja wusste, der Andere ist ja gebunden oder verheiratet. Plötzlich aber bekommt alles einen ganz anderen Sinn, man hört interessiert zu. Findet vielleicht Übereinstimmungen zu seinem eigenen, bisherigen Leben und staunt vielleicht über die Offenheit des Anderen, vielleicht berührt es einen auch. Oder man merkt plötzlich das der Andere an gewissen Dingen genau so interessiert ist und plötzlich ändert sich alles. Einer denkt sich nun, wenn der andere allein ist und ich nun auch, warum sollten wir es nicht miteinander versuchen, schließlich kennen wir uns ja lange genug? Man schaut sich vielleicht zum ersten Mal richtig an und entdeckt in den Augen des Anderen eine gewisse Ermunterung eine gewisse Zustimmung zu vielleicht eben Gesagtem? Nun kann es passieren, dass der eine den Anderen spontan küsst und der andere stillhält oder vielleicht sogar sanft erwidert. Das ersetzt dann sicher sehr viele Worte, die einem auf der Seele lagen und alles wendet sich zum Guten. Die andere Möglichkeit wäre, einfach darüber offen zu reden und einfach fragen ob es nicht sinnvoll wäre sich zusammen zu tun? Als Bestätigung erfolgt dann vielleicht vor der anderen Seite der lang erwarte Kuss, der alles völlig verändern kann?

Die dritte Möglichkeit Liebe zu generieren, wäre eine Bekanntschaft über das Internet. Ich weiß, die Vorbehalte von allen Seiten sind groß, zu viele Gauner und Gaunerinnen tummeln sich dort, die nur auf das schnelle Geld setzen oder Leute nur ausnehmen und abzocken wollen. Aber dennoch gibt es dort nette Bekanntschaften, die eben auch nur einen Partner suchen, ohne jede materielle Absicht. So etwas herauszufiltern mag nicht leicht sein und man sollte immer vorsichtig sein, um nicht in irgendeine unseriöse, getarnte Partnervermittlung zu geraten. Darum kann ich nur empfehlen, die Internetbeziehung nur als Sprungbrett zu benutzen und dann immer bald auf eine persönliche Gegenüberstellung drängen. Wird ein solches Anliegen abgeschlagen, dann stimmt meist etwas nicht - entweder stimmt die beschriebene Person überhaupt nicht mit der Wirklichkeit überein oder irgendeine Prostituierte steckt dahinter. Die Forderung nach baldiger Gegenüberstellung empfehle ich auch Bekanntschaften, die über Zeitungen gefunden werden. Wichtig hierbei ist, dass die beschriebene Person auch mit einem eventuell geschickten Bild übereinstimmt. Am besten erst einmal den Ausweis zeigen lassen und zumindest die Geburtsdaten einsehen, natürlich auch seinen eigenen Ausweis zeigen. Das ist kein Misstrauen gegen die Person, es bildet nur das Rückgrat für eine gewisse Absicherung, um eine vertrauensvolle Atmosphäre zu schaffen.

Ein großer Vorteil von solchen Vorabinformationen und auch generell bei Internetbekanntschaften oder Annoncen sind, dass ja von beiden Seiten gewisse Erwartungshaltung oder Bereitschaften angezeigt wurde. Im Grunde sind ja beide Partner Suchende, die sich um etwas Passendes bemühen. Das vereinfacht natürlich manches. Da braucht es keine besondere Anmache -

beide wissen mehr oder weniger, was sie suchen. Inwieweit und wie schnell sie sich gegenseitig erkennen und erkunden, ist eine ganz andere Frage. Manch einer weiß es schon nach der ersten Begegnung, dass der andere für ihn keinesfalls infrage kommt oder vielleicht doch? Andere brauchen mehrere persönliche Kontakte, um sich zu entscheiden. War dann letzten Endes einer der letzten Kontakte positiv, kann diese Beziehung zur weiteren Erkundung durchaus über das Internet erfolgen, ehe es mal wieder zu einem Treffen kommt. Das Internet hat dabei den Vorteil, dass man sich gegenseitig so ziemlich alles mitteilen kann, was den Einen oder Anderen bewegt, was ihn besonders interessiert oder wogegen er besondere Abneigungen hegt. Ein späteres persönliches Treffen kann dann unter umständen ganz anders aussehen und kann dann tatsächlich mehr oder weiniger spontan im Bett enden. Tatsächlich kann dann dabei schon eine gewisse Liebe zueinander im Spiel sein - was doch toll wäre?

Allerdings gibt es Menschen, die gehen an die ganze Angelegenheit umgekehrt heran. Verlieben können und wollen sie sich erst, wenn sie wissen, was sie sexuell vom Partner zu erwarten haben. Zweifellos werden sie darin schon ihre Erfahrungen gemacht haben und sind dabei schon allzu oft enttäuscht worden. Teils von sexuell abartigen Menschen, teils aber auch von Personen, deren Geschlechtsorgane einfach nicht zueinandergepasst haben. Die andere Seite der gleichen Medaille ist Empfindungskälte. Es gibt auch Frauen, die keinen Orgasmus bekommen oder auch Männer, die eine gewisse Impotenz haben oder einfach ein viel zu kurzes Stehvermögen, vielleicht auch viel zu früh kommen. Empfinden sie jedoch den Anderen als ganz normal, steht ihrem potenziellen Verlieben nichts mehr im Wege.

Man sollte also nicht von vornherein negativ denken, nur weil der Andere schnell ins Bett will - ja sicher will er es aber doch vor allem herauszufinden, ob der Andere sexuell für ihn überhaupt infrage kommt. Wenn man merkt, dass jemand in diese Richtung zielt, sollte man erst einmal darüber reden. Man sollte es zumindest verstehen, wenn der andere nicht unbedingt die "Katze im Sack" haben möchte. Manch einem reicht dann die Erklärung, zu sagen: "Ich bin in dieser Beziehung völlig normal und hatte da noch nie Probleme." Was man vielleicht aber dennoch sollte - sich einander nackt oder fast nackt zeigen - dazu wäre ein Freibad oder ein FKK-Strand eine gute Lösung, weil man dort unter noch anderen Leuten ist und demzufolge relativ sicher vor irgendwelchen Übergriffen einer Seite ist. Ist man danach zufrieden, mit dem was man gesehen hat, ist man zumindest von dieser Seite sicher keine diesbezügliche Überraschung zu erleben. Jedenfalls macht so eine erbetene Vorstellung immer Sinn und man kann danach jedenfalls wesentlich lockerer miteinander umgehen.

Eine wichtige Bemerkung noch zu männlichen Geschlechtsteilen. Genau wie Frauen, beispielsweise sehr unterschiedliche Brustgrößen besitzen - da gibt es die ganz kleinen und kaum erkennbaren und Riesengroße - die männlichen Geschmäcker gehen da sehr weit auseinander und eine besonders große Brust, ist immer auch schon im angekleideten Zustand gut zu sehen. Bei männlichen Teilen ist das nicht immer so eindeutig, zumindest nicht im bekleideten Zustand. Männliche Geschlechtsteile gibt es von ganz klein, ja winzig, kaum erkennbar bis riesengroß. Es gibt Männer deren Penis reicht im Normalzustand schon fast bis in Kniehöhe und wird dann in einem der Hosenbeine getragen - andere haben einen dermaßen Dicken, dass er an eine Weinflasche erinnert und er meist in sehr weiten Hosen versteckt werden muss. Es ist keine Frage, dass manche Frauen solche Riesen suchen, so soll es ja auch sein. Für eine normal gebaute Frau kann aber solch ein Riesenteil zu einem unüberwindlichen Problem werden. Mag ein besonders langes, dünnes Teil noch für die meisten Frauen passen, sind männliche Teile im Weinflaschenformat wohl kaum von allen Frauen hinnehmbar, zumal sie in erregter Form noch einmal wesentlich größer werden können!

Solche Männer haben oftmals die größten Probleme eine passende Partnerin zu finden, die sie überhaupt ranlassen. So scheinen solche Männer überproportional vertreten zu sein - was gar nicht stimmt, sie sind eben immer nur auf der Suche nach neuen passenden Partnerinnen. Andersherum haben Männer mit kleinen Teilen eher kaum Probleme, natürlich, solange sie ihrer normalen Funktion gerecht werden.

Obwohl Frauen auch ganz unterschiedliche Vaginalgrößen haben, ist es doch so, dass sie sich den meisten einigermaßen normalen Mannesgrößen anpassen können.

Wie wir nun gesehen haben, ist nicht nur das äußere Ansehen eines Interessenten wichtig, nicht nur sein persönliches Auftreten, nicht nur seine Art, nicht nur sein Geruch, seine Chemie. Es sind also nicht nur seine Ideen und Vorstellungen, sondern auch gewisse anatomische Besonderheiten. Es sollte schon alles in einer bestimmten Relation stehen, alles einigermaßen zueinanderpassen. Das allerdings sind auch die tatsächlichen Probleme, die bei einer Partnersuche- und Findung ganz entscheidenden Einfluss haben. Über einige dieser Probleme spricht man im Allgemeinen nicht oder nur wenig, weil viele meinen, dass solche intimen Infos nicht für Andere bestimmt wären. Wenn man aber tatsächlich ernsthaft eine Partnersuche betreibt, sollte man auch diese, oft sehr wichtigen Dinge beachten. Was nutzt letztlich das beste Verstehen und die schönsten gemeinsamen Interessen, wenn das Körperliche in einem vielleicht argen Missverhältnis dazu steht. Manche mögen nun denken, dass die Liebe alles überwinden kann, aber ganz so ist es nicht. Ein Mannesteil, dass der Partnerin bei jedem Eindringen Probleme, Schwierigkeiten oder gar Schmerzen bereitet, ist auch kaum von viel Liebe zu überwinden, natürlich besonders dann nicht, wenn es auf ein längeres Zusammensein hinausläuft.

Es gibt allerdings auch für junge unerfahrene Männer Probleme mit Frauen, die nicht dem Üblichen entsprechen. Ich meine nicht die lesbisch interessierten, denn jene können oft auch etwas mit Männern beginnen und diesbezügliche Erfahrungen sind für Männer durchaus manchmal recht angenehm. Was ich meine, sind extrem grenzwertige Frauen, Frauen, die nur durch Schmerz, also SM-Praktiken aus der Reserve zu locken sind, wieder andere mögen besonders Urin- oder Fäkalspiele - solche Frauen können durchaus einen normalen jungen Mann völlig Irretieren, ja schockieren. Welcher durchschnittliche Mann will sich schon in solche Abhängigkeiten begeben? Eine normale Liebesverbindung oder Ehe dürfte unter solchen Umständen wohl kaum auf Dauer bestand haben, es sei denn, man hat eine ähnliche Veranlagung oder Neigung! Also auch hier Vorsicht!

Wie lautet ein alter Spruch? "Drum prüfe wer sich ewig bindet ob sich nicht noch, was Besseres findet!" Aber wie heißt es in einem anderen Spruch? "Der Spatz in der Hand ist besser als die Taube auf dem Dach!" Wer also ewig weiter suchen will, kann die schlechteren Karten in die Hand bekommen und am Ende leer ausgehen. Was ich sagen will, ist, dass man schon oft und prüfend abwägen sollte, wofür man sich letztlich entscheiden soll! Eine verpatzte große Liebe wird vielleicht niemals mehr wiederholbar sein.

Es ist wirklich nicht ganz so einfach mit der Liebe - unverbindlicher Sex ist natürlich viel einfacher, und bereitet meist keine weiteren Probleme, zumindest dann nicht, wenn man einige grundlegende Regeln beherzigt.

1. Im Zweifel unbedingt das Alter feststellen! Sonst kann es passieren das 12-14 Jährige sich als 16 oder 17 Jährige ausgeben. Könnte sehr unangenehm werden, weil Kindesmissbrauch oder Sex mit Minderjährigen daraus generiert werden könnte.

2. Keinesfalls beim ersten Sex irgendwelche Drogen verwenden. Es könnte einem mit getrübten Sinnen Wichtiges entgehen!

3. Zumindest anfangs beim ersten Sex mit einem Partner oder Partnerin immer Kondome verwenden. Zum einen wegen der Verhütung, zum Anderen wegen möglicher Infektionen! Danach unbedingt den gefüllten und intakten Gummi zeigen, beziehungsweise auf Vollständigkeit überprüfen. Damit später nicht eine Schwangerschaft behauptet werden kann.

4. Keine Bild- oder Tonaufzeichnungen von der Kopulation machen. Es könnte schwerwiegende rechtliche Konsequenzen nach sich ziehen!

5. Keine persönlichen Infos über Vermögen, Gehalt Eigentum, EC-Karten oder irgendwelche Immobilien ausplaudern! Der vermeintliche Partner könnte nur darauf aus sein und es könnte sonst böse Überraschungen geben!

Ständig wechselnde Partner zu haben, mag ja interessant sein, trotzdem wäre die bessere Lösung: Sexpartnern auf Zeit. Solche Zeitverbindungen haben den großen Vorteil, dass man sich zumindest ein wenig kennenlernt, ungefähr weiß, was der andere möchte oder zu geben bereit ist und wenn, dann noch offen über die Sexvorlieben und Partnerwahl gesprochen wird, kann man sicher irgendwann das schützende Kondom weglassen. Zumindest was den Schutz vor übertragbaren Krankheiten betrifft. Außerdem ist es doch so, dass man bei flüchtigem Sex den Anderen nur ganz flüchtig und oberflächlich kennenlernen kann. Bei einer kurzen Sexaffäre zeigt man dem Anderen doch immer nur, wie man sich präsentieren möchte und nicht wie man wirklich ist. Erst in längeren Sexbeziehungen zeigen sich Menschen, sowie sie wirklich sind. Angenehme und unangenehme Überraschungen in beide Richtungen sind dabei möglich.

Aber auch in der Liebe ist es doch ganz ähnlich. Man lernt sich und den Anderen erst nach und nach kennen. Es gibt kaum Menschen die gleich am Anfang einer Beziehung gleich alle Seiten von sich offenbaren oder preisgeben. Erst wenn das gegenseitige Vertrauen weiter gewachsen ist, zeigen sie auch ihre intimeren persönlichen Geheimnisse. Ich bin sicher, dass fast jeder Mensch so seine ganz speziellen Geheimnisse mit sich herumträgt. Manche dieser geheimen Interessen und Absichten bleiben lange ungesagt oder ungezeigt, andere zeigt man erst nach Jahren und einige vielleicht niemals. Teils aus Scham, teils, weil man den Anderen vielleicht damit verletzen könnte. Leider aber ist es so, das oft aus falscher Scham Ungesagtes, das man lange mit sich herumträgt zu einem langandauernden Problem werden kann, das die Partnerschaft belastet. Ein Partner wartet vielleicht schon sehr lange auf eine bestimmte Geste auf eine bestimmte Sexpraktik, die der andere sich einfach nicht anzuwenden traut. Manchmal kommt allerdings der Zufall zu Hilfe. Beide waren auf einer Tanzveranstaltung oder Party haben ziemlich viel Alkohol getrunken und gehen dann irgendwann beschwingt und aufgekratzt gemeinsam nach Hause. Durch die gute Stimmung und die enthemmende Wirkung des Alkohols passieren dann manchmal Dinge, die im Normalfall niemals eingetreten wären. Einer der

Partner tut plötzlich etwas Ungewöhnliches und der andere ergreift noch etwas umnebelt die so plötzlich angebotene Chance. Was nun vielleicht im Alkoholrausch getan wird, öffnet vielleicht für die Zukunft ganz neue partnerschaftliche Möglichkeiten.

Vielleicht erinnert man sich später, im nüchternen Zustand, an das, was man vorher im Rausch der Gefühle getan hat und erinnert einander daran, vielleicht mir der Frage gekoppelt, ob man es nicht wieder einmal genau so versuchen sollte? Funktioniert das dann auch im nüchternen Zustand, hat man vielleicht etwas Gemeinsames entdeckt, dass der Liebe wieder neue Impulse geben könnte?

Was mit solchen "Dingen" gemeint sein könnte? Nun es ist doch so, das fast in jedem von uns gewisse anerzogene Tabus lauern. Wie oft bekommt man als Kind gesagt - tue dieses nicht tue jenes nicht! Manches davon ist sicher richtig und in jedem Falle für das weitere zivilisierte Leben wichtig und für einen normalen Mitteleuropäer nicht wegzudenken. Aber leider ist nicht alles davon für ein erfülltes Leben in jeder Beziehung nötig, ja oft sogar hinderlich. Da werden Gefühle und Gedanken schon im kindlichen Alter von vornherein eingeengt, und zwar so, dass wir uns auch später nicht mehr davon befreien können oder oft nur unter großen Mühen und Anstrengungen überwunden werden können. Einfache Beispiele hierfür wären: "Mädchen pinkeln nicht im Stehen!" oder "Jungen spielen nicht mit ihrem Pullermann!" oder wenn Mädchen älter werden: "Während seiner Regel, hat am keinen Verkehr!" oder "Man onaniert nicht, davon wird man krank!" oder früher sagte man auch: Küss nicht so viel - du könntest schwanger werden!" oder "Man schreit nicht beim Orgasmus - man nimmt es leise hin!" oder "Man liebt sich nur im Dunkeln oder unter der Bettdecke!" oder "Man küsst sich nicht in der Öffentlichkeit!" Aber leider gibt es noch tausend andere Tabus, manche davon erscheinen uns heute bedeutungslos, trotzdem aber verfehlen sie noch immer nicht ihre negative Wirkung auf unser Leben und besonders auf unser intimes Zusammensein. Wir sind oftmals noch immer zu verklemmt, um es erst richtig schön werden zu lassen. Meist sind davon Frauen betroffen - Männer haben es da sicher etwas leichter, aber auch bei Ihnen gibt es sehr große Unterschiede. Ich weiß, sehr viele Frauen wünschen sich von einem intimen Partner nicht nur gelocht zu werden, sondern auch ab und zu seine Zunge zu spüren. Intime orale Zungenspiele können manche Frau erst so richtig anheizen, sie sind dann viel leichter bereit auch bei ihm orale Spiele zu machen, ja auch solche, die letztlich seine orale Ejakulation betreffen. Durch oral genitale Zungenspiele kann ein intimes Verhältnis noch wesentlich inniger werden, weil dann die Partner wissen, dass es zwischen ihnen kaum noch irgendwelche Tabus gibt. Ja natürlich gibt es jenseits davon noch gewisse andere Beschränkungen, die auch im Extremfall nicht überschritten werden sollten. Für einen normalen Mitteleuropäer zählen dazu vor allem alle Arten von Fäkalspielen. Andeutungen sind da sicher erlaubt, aber mehr wohl nicht. Auch heute noch werden derartige Praktiken als extrem pervers und nicht gesellschaftsfähig bezeichnet. Anders verhält es sich bei Natursektspielen, sprich Urinpraktiken, die von einem ziemlich hohen Prozentsatz der Bevölkerung praktiziert werden, teils offen, teils als heimlich Ambition. Und wenn sich Menschen schon länger kennen und gesund sind und sie es wirklich alle Wollen, ist sicher dagegen nicht einzuwenden. Ich weiß es ist nicht jedermann Sache, aber es sollte ja auch keine Empfehlung sein es wirklich zu tun, ich wollte es nur der Vollständigkeit halber erwähnen.

Formen von Liebe

Als geübter, außenstehender Beobachter kann man allerdings oft Liebe erkennen. Wie zwei miteinander umgehen, kann ein deutliches Indiz für Liebe sein. Wie sanft er sie streichelt oder sie ihn, wie zärtlich ihre Hände miteinander spielen, wie sie sich anschauen, wie ihre Augen glänzen, wie sie miteinander reden, sich zusammen etwas anschauen, wie wenig sie die Handlungen ihrer Umgebung interessieren, wie sie die Welt um sich herum zu vergessen scheinen, wie sie der realen Welt entrückt zu sein scheinen.

Zumindest ist der Beginn einer Liebe immer eine ganz besondere Ausnahmesituation, in der die normalen Verhaltensnormen außer kraft gesetzt werden. Die Zwei küssen sich mitten im Gedränge und ihre Hände wandern unkontrolliert zu Körperteilen des anderen, ohne ihre Umwelt zu beachten, sie scheinen nur noch auf sich selber fixiert zu sein und alles andere scheint ihnen völlig egal. Und manchmal, wenn sie die Liebe sehr heftig übermannt können Dinge geschehen, die jeder Rationalität widersprechen. Wenn die Liebe sehr groß ist und ihr Verlangen aufeinander sehr heftig, kann es geschehen, dass sich die Zwei in eine dunkle Ecke drücken, um sofort miteinander zu kopulieren. Was natürlich eher die Ausnahme ist. Befinden sie sich beide in dieser besonderen Liebes-Ausnahmesituation, geht dann alles ganz schnell. Was sagte mir einmal eine gute Bekannte von einer wirklich heftigen Liebe? "Wir waren so verliebt ineinander, so heftig erregt und hatten solch ein übermächtiges Verlangen, das es in einem Hausflur geschah. Wir brauchten nur ein kurzes

Eindringen, nur ein paar heftige Stöße und kamen beide nach nicht einmal einer Minute auf den Punkt. Es war der schnellste, aber auch der schönste Fick meines Lebens." Die Beiden hatten tatsächlich innerhalb einer Minute ihrer Kopulation ihren Orgasmus, ihre momentane Befriedigung.

Jetzt werden sie vielleicht sagen, dass es ja nicht unbedingt an ihrer Liebe gelegen haben muss - es könnte auch eine ganz normale Sexgeilheit gewesen sein.

Sicher könnte es auch nur ganz normaler Sex gewesen sein. Aber innerhalb einer Minute? Also ganz ehrlich - innerhalb einer Minute zu einem Orgasmus zu kommen, gelingt manchem Mann vielleicht gerade noch - aber eine Frau innerhalb einer Minute zu befriedigen? Mag es sein, wie es will, die Zwei aber lieben sich tatsächlich und sind seit diesem Augenblick unzertrennlich, haben sogar vor ein paar Wochen geheiratet. Sicher eine seltene Konfiguration, aber dennoch beweisen solche Ausnahmen, dass zwei die sich wirklich ehrlich lieben und es sich auch gegenseitig zeigen oder eingestehen, tatsächlich das scheinbar große Los gezogen zu haben.

Liebe ist das heftigste körperliche Gefühl, das wir Menschen kennen. Der Liebe wird im Falle eines Falles alles andere untergeordnet. Liebe kann mit uns die schönsten Seiten unserer Menschlichkeit erklimmen, Liebe kann uns aber auch in tiefste Abgründe führen. Liebe kann aufbauen, errichten, glänzen, krönen. Liebe kann aber auch zerstören, vernichten, morden, töten.

Die Übergänge von positiven zum Negativen können fließen aber auch plötzlich von Gut ins Böse springen.

Liebe ist aber auch unserer heftigstes geistiges Gefühl, das sich immer weiter in unserem Körper ausbreitet, um uns schließlich ganz in Besitz zu nehmen. Unseren Gedanken und Absichten steuern im Fall des Falles immer mehr unsere körperlichen Gefühle. Schmetterlinge im Bauch, aufsteigende Hitze, beschleunigter Herzschlag, steigender Blutdruck ...

Vielleicht ist es so?

Liebe ist Glauben und Hoffen.

Liebe gibt, ohne zu fordern.

Liebe ist selbstlos.

Liebe ist geduldig.

Bedürfnisse des Anderen, über die eigenen zu stellen, ist Liebe.

Liebe ist ehrlich, fordert nicht, verlangt nicht, prahlt nicht, lügt nicht, erzürnt nicht, provoziert nicht!

Liebe gibt, schenkt, verteilt, muntert auf, beglückt, befriedigt, erfreut, hofft, glaubt, vergibt, entschädigt, lässt Gefühle und Menschen erblühen.

Liebe mit oder ohne Sex

Alle Formen der Liebe gibt es mit oder ohne Sex, wobei bei Sex sicher noch zu unterscheiden ist zwischen tatsächlichen Kopulationen oder deren Vorstufen. Kopulation kennen wir alle - er steckt seinen ausgehärteten Penis in ihre Vagina und macht damit hin und her. Irgendwann bekommt der Mann auf diese Weise einen Orgasmus mit einer mehr oder minder kräftigen Ejakulation. Was aber geschieht mit der Frau? Nur allein sein Bischen hin und her reicht den meisten Frauen noch nicht. Manche Frauen spielen ihm dann etwas vor, sie tun so, als hätten sie etwas davon gehabt. Manche Männer wundern sich dann, wenn sie nach dem zweiten oder dritten Date mit ihr nicht mehr rangelassen werden oder die Beziehung plötzlich abgebrochen wird. Aber was bleibt denn den so benutzen Frauen übrig? Er hatte seine Befriedigung, sie aber hätte auch gerne einen Orgasmus. Wenn sie glaubt, dass es sich lohnen würde, spricht sie vielleicht mit ihm darüber. In den meisten Fällen aber hilft wirklich nur ein prompter Abbruch, besonders mit Männern, die sehr selbst orientiert und egoistisch sind. Was nützt einer Frau ein Mann, der sich nicht für ihre ganz speziellen Gefühle interessiert, dem es relativ egal ist, ob sie auch zu einer Befriedigung kommt oder nicht? Nein, das hat sicher ganz gewiss nichts mit der Größe seines Geschlechtsteiles, nichts mit seiner Standfestigkeit und nichts mit seiner wunderschönen athletischen Figur zu tun! Auch Männer mit akrobatischem sexuellem Stellungswechsel sind keine Lösung. Entscheidend für eine Frau ist, wie der Mann versteht, auf sie einzugehen. Einen Mann, der sich mit ihr nur seine schnelle sexuelle Befriedigung verschafft, und vielleicht dann hinterher noch arglos fragt, ob er gut gewesen sei, kann sie nicht gebrauchen. Da hat ein unscheinbarer Mann, der es versteht, wie auch immer, ihr einen heftigen Orgasmus zu bereiten, die wesentlich besseren Karten. Wenn schon das erste Mal mit ihm zu ihrer Befriedigung führte und vielleicht dann das zweite und dritte Mal auch, wäre das sicher der richtige Sexpartner. Das gilt natürlich besonders bei Frauen, die im Allgemeinen ziemlich schwer erregbar oder auch nur selten zu befriedigen sind. Dabei spielt es überhaupt keine Rolle, wie der Mann es anstellt, sie zu befriedigen. Er muss es keineswegs nur oder überhaupt mit seinem Penis in ihrer Vagina tun. Er sollte jedoch gut in vielen anderen Praktiken sein, Praktiken, die sie auf alle nur möglichen Arten erregen können. Männer, die gut küssen und dabei vielleicht noch ihren ganzen Körper mit einbeziehen, sind die wesentlich bessere Wahl. Männer, die mit Küssen beginnen, mit Streicheleinheiten für den ganzen Körper fortfahren, und schließlich mit dem Lecken der weiblichen Genitalien ihre Vorbereitungen abrunden, erreichen damit allein schon oft einen Orgasmus der Frau, ohne ihr Mannesteil in irgendeiner Form benutzt zu haben. Bei besonders gefühlsarmen Frauen helfen dann noch zusätzliche Fingerspiele mit ihrem Kitzler, ihren Schamlippen, mit dem vorsichtigen Fingereindringen in ihre Vagina. Wenn auch dieses dann nicht unbedingt einen Orgasmus auszulösen vermag, so wird doch die Frau auf diese Weise schon eine gewisse Erregung erreicht haben, die sie feucht und aufnahmebereiter werden lässt. Jedenfalls werden so gut vorbereitete weibliche Geschlechtsteile viel williger sein, um schließlich seinen Harten zu empfangen. Schon aus dem Altertum kennt man Schriften, die etwas über die Vorbereitung einer Frau für den Geschlechtsverkehr aussagen. Da wird doch des Öfteren empfohlen, vor irgendeiner Penetration mindestens eine halbe Stunde an der weiblichen Scham herumzuspielen. Tatsächlich mögen auch manche unserer heutigen Frauen solch ein Vorgehen und nur Männer die genau so vorgehen, haben bei ihnen überhaupt eine Chance. Es sagt natürlich nichts darüber aus, dass es auch Frauen gibt, die jede Art von Vorspiel überhaupt nicht mögen - sie wollen, dass es ohne jede Vorbereitung sofort voll zur Sache geht.

Liebe zu Eltern und Geschwistern

Auch die besondere Liebe zur Mutter kann für einen Sohn wilde Auswüchse annehmen. Grundsätzlich ist natürlich nichts daran auszusetzen, wenn ein Sohn sich in die eigene Mutter verliebt oder eine Tochter in den leibhaftigen Vater, solange es bei der platonischen Liebe zwischen ihnen bleibt, die sich irgendwo in den Köpfen abspielt. Regelrecht verboten aber sind sexuelle Kontakte zwischen Vater und Tochter oder Mutter und Sohn, ebenso zwischen Geschwistern oder sehr nahen Verwandten. Das hat allerdings weniger mit Ethik und Moral zu tun, es geht vielmehr um die genetische Konstitution. Nahe Verwandte aus einem gemeinsamen Genpool haben ähnliche Vererbungsmerkmale, die wenn sie zusammentreffen zu schweren Vererbungsdefekten führen können. Das hat damit etwas zu tun, dass fast jeder Mensch kleine Defekte in seinem Chromosomensatz besitzt. Treffen zwei fremde Chromosomensätze zusammen, so ist es sehr unwahrscheinlich, dass beide Partner jeweils Defekte an derselben Stelle aufweisen. Die Natur hat es so eingerichtet, dass sich Defekte in einem Chromosomensatz durch die intakten Gene des anderen ergänzen. Bei nahen Verwandten aber sieht das anders aus, sie besitzen sehr wahrscheinlich die defekten Gene an jeweils denselben Stellen ihres Chromosomensatzes. Treten zwei solcher defekten Stellen an denselben Stellen aufeinander, liegt unweigerlich ein bleibender Defekt vor - weil kein intaktes Gen als Reparaturset vorhanden ist. Bei einem solch fehlerhaften Gen kann vielleicht irgendwo im heranwachsenden Embryo ein kleiner Organfehler entstehen - vielleicht ein fünfter Finger oder ein verkrüppelter Zeh, was im Allgemeinen noch akzeptierbar wäre, die große Gefahr besteht aber, wenn ein Fehler im zentralen Nervensystem oder im Gehirn stattfindet! Kleine Fehler können schon zu fatalen Ausfällen mit unabsehbaren Folgen führen. Einige Genfehler kennt man zwar heute schon sehr genau und kann daraufhin gezielt untersuchen, wie zum Beispiel das Downsyndrom oder bei Menschen mit schwarzer Hautfarbe die Sichelzellenanämie. Vieles aber in der genetischen Struktur liegt noch unbekannt im Verborgenen. Um all solche Folgen von vornherein nicht zuzulassen, hat man das Inzestverbot weiterhin bestehen lassen. Das also ist der rationale Grund, warum Sex unter Geschwistern oder Kinder mit den Eltern grundsätzlich verboten ist.

Leider kommt es immer wieder vor das sich Menschen nicht daran halten und es trotzdem tun, oftmals so heimlich, dass von Gesetzeswesen nicht ermittelt werden kann und die Dunkelziffer ist sicher auch recht hoch.

Es hat schon Fälle gegeben, wo zwei nahe Verwandte nicht voneinander lassen konnten, weil sie sich einfach zu sehr liebten und zu sehr einender verfallen waren. Um trotzdem vor dem Gesetz nichts befürchten zu müssen, haben sie sich beide nachweislich sterilisieren lassen um keinesfalls nachkommen miteinander zeugen zu können - das aber sind eher ganz seltene Ausnahmen und niemandem wirklich zu empfehlen.

Einseitige Liebe

Was aber wenn ich liebe und der Andere dazu völlig kühl bleibt - sollte man es trotzdem immer wieder versuchen? Immer wieder eine Nähe provozieren? Alles bleibt offen, zumindest solange bis das Gegenüber eine wie immer geartete Nähe duldet und oder vielleicht sogar bewusst zulässt. Jetzt gilt es Vorsicht zu üben, ein zu schnell kann alles verderben. Beide gelangen nun an einen Scheideweg - was will ein jeder für sich und was erwartet er vom Anderen? Einer der Partner ist vielleicht ehrlich verliebt, der andere aber denkt vielleicht darüber nach, in ein Sexabenteuer zu starten? Beide wollen vielleicht zueinander, aber mit ganz unterschiedlichen Absichten. Wann wissen die beiden nun, was der jeweils andere wirklich will? Am besten wäre zu diesem Zeitpunkt darüber zu reden, zumindest für den Partner, der nur ein Sexabenteuer will. Natürlich kann einer nun enttäuscht werden. Wieder entsteht eine Wegkreuzung. Derjenige, der auf Liebe aus war, steht vor einer verschlossenen Tür, weil der andere ihm eindeutig erklärt, dass er keine Beziehungskiste mehr will, sondern einfach nur guten, unverbindlichen Sex. Was sagt sich der andere nun, wenn er keine Liebe zu erwarten hat? Natürlich kann er alles gleich und sofort beenden - er kann aber auch, wie sicher in den meisten Fällen, sich mit Sex zufriedengeben. Natürlich mit der Hoffnung im Hinterkopf, dass es vielleicht doch noch etwas mit der Liebe werden könnte. Dumm für beide wird die Situation nur dann, wenn die beiden sich nicht aussprechen. Wenn der eine weiter auf Liebe setzt, der andere aber nur den unverbindlichen Sex will.

Reifere Liebe

Sind erfahrene Partner im höheren Lebensalter bereit eine Liebesbeziehung einzugehen, dann haben sicher beide schon eine Reihe von Erfahrungen mit anderen Partnern hinter sich. Sie können nun ganz aufgeschlossen aufeinander zugehen, und sich all das sagen, was sie von einer gemeinsamen Liebesbeziehung erwarten, was sie speziell mögen oder auch nicht mögen. Liebesbeziehungen in nicht mehr ganz jungem Alter sind jedenfalls statistisch gesehen erfolgreicher, als bei ganz jungen Leuten. Nicht umsonst sagt die Volksmeinung, dass Frauen über 30 die besten wären, wenn es um Liebe und Sex geht. Obwohl auch hier gilt Ausnahmen bestätigen die Regel. Ich persönlich habe in der Familie einen solch besonderen Fall. Die beiden haben sich schon in der Schule mit 12/13 Jahren kennen und lieben gelernt und waren auch schon sehr früh im Bett. Sie haben sich nie mehr getrennt. Als sie dann mit knapp 18 Jahren geheiratet haben, konnten sie schon auf eine sieben- bis achtjährige Liebesbeziehung zurückblicken. Bei ihnen hatte alles so funktioniert, wie sie es sich schon immer gewünscht hatten. Sie hatten sehr viel Sex miteinander und offenbar gut verhütet. So kam es auch wie geplant mit 19 Jahren zu ihrer ersten Schwangerschaft und ihrem ersten Kind. Inzwischen sind sie 10 Jahre verheiratet und noch immer glücklich miteinander!

Alte Liebe

Sicher gibt es nicht allzu viele Paare, die ein Leben lang zusammenbleiben und sich selbst nach 60 Jahren Ehe noch immer lieben und das nicht nur den Worten nach, sondern tatsächlich. Sie haben sicher auch noch regelmäßigen Sex miteinander - nicht mehr unbedingt über Penetration - zumindest aber versuchen sie sich oft und gerne gegenseitig sexuell zu erregen und zu befriedigen. Natürlich wenn nötig, auch mit entsprechenden Hilfsmitteln, aber das tut ja der Sache an sich keinen Abbruch. Eigentlich spielt nur die Absicht eine wesentliche Rolle und ihr noch immer körperliches Zusammenkuscheln. Als ich einmal danach fragte, verrieten sie mir ihr Geheimnis. Niemals aufhören sich nahe zu sein, niemals ganz auf Sex verzichten. Immer auf die Bedürfnisse des Anderen eingehen, auch wenn man sich gerade nicht so gut fühlt!

Was soll man bei einem alten, sich liebenden Ehepaar da noch hinzufügen - es war ja ihr tatsächliches Liebesleben, wie alle Welt sehen konnte.

Eine neu entstehende Liebesbeziehung im fortgeschrittenen Alter hingegen ist noch seltener. Was man im Alter unter Alleinstehenden jedoch öfter antrifft, sind zufällige Sexbekanntschaften, oder einfach nur jemanden gleich Suchenden begegnen, um es mit ihm mal eben schnell zu machen. Ich denke, dass Männer meist die Treibenden sind und Frauen höheren Alters kein Wagnis eingehen wollen. Es dann also lieber ganz unterlassen, was eigentlich schade ist.

Sex nie ganz vergessen

Egal ob es sich um eine reine Sexbeziehung oder um eine Liebesbeziehung handelt, egal was an wichtigen Arbeiten anliegt, egal was dringend erledigt werden müsste, eines dürfen weder sie noch er völlig aus den Augen lassen - Sex und die daraus resultierende Befriedigung.

Wir sind noch immer Menschen und keine Automaten, keine Computer und keine Rechenmaschinen. Wir haben ständig Bedürfnisse und wenn wir ihnen nicht in der einen oder anderen Art nachgeben bekommen wir Problem! Keiner wird wegen seiner vielen Arbeit völlig auf Essen und Trinken verzichten, keiner wird auf Schlaf verzichten, keiner wird seiner Notdurft die Entleerung verweigern. Warum aber wird oft das überaus menschliche Bedürfnis nach sexueller Erfüllung immer weiter von sich geschoben? Gewiss gibt es Situationen oder Verpflichtungen, die zeitlich keinen Aufschub dulden - aber bitte doch nicht auf Kosten einer kurzen Sex- und Befriedigungseinlage! Sex gehört nun mal zu unserem Leben wie Essen und Trinken und duldet einfach keine zu langen Aufschübe. Immer wieder zurückgestellter Sex schadet jeder noch so guten Beziehung. Natürlich wird oftmals für eine ausgiebige Liebesnacht oder Stunden wirklich nicht die Zeit sein - dann muss es eben mal schnell gehen!

Ein schneller Sex zwischendurch ist jedenfalls immer noch besser als gar keiner und man fühlt sich danach meist wesentlich besser, als immer nur zu verzichten!

Wenn sexuelle Aktivitäten, warum auch immer, überhaupt keine Option sind, sollten Partner unbedingt zumindest körperliche Kontakte pflegen, die auch in der Öffentlichkeit toleriert werden. Hier eine Berührung, dort eine Umarmung, ein paar mehr oder weniger heftige Küsse, ein kurzes intimes Gespräch, bei dem man dem Anderen erzählen kann, was man sich vielleicht gerade wünschen oder vorstellen würde. Auch eine Verabredung zu späterem richtigen Sex kann darin enthalten sein. Manchmal hilft auch ein Telefongespräch, wenn die Partner räumlich getrennt sind. Auch in Telefongesprächen kann man gewisse Ersatzpraktiken nutzen um einander das Gefühl zu geben sich nah zu sein. Wenn beide Partner allein am Telefon sind, kann man sogar gegenseitige Selbstbefriedigung betreiben. Der Eine sagt dem Anderen einfach was er gerade mit im tun würde, wenn er da wäre und der Andere versucht sich dass intensiv vorzustellen und dass mit sich selber zu tun, was vielleicht gerade dar Andere mit ihm tun würde. So etwas funktioniert oftmals sogar bis zum gegenseitigen Orgasmus und kann beide Partner wirklich richtig befriedigen.

Wann hören Sex und Liebe auf?

Im Normalfalle nie! Als Normalfall will ich alle jene Menschen bezeichnen, die ihr ganzes Leben lang mehr oder minder oft Sex gehabt haben. Es gibt allerdings auch Frauen, die sich ihr Leben lang völlig asexual verhalten haben. Dafür gibt es ein Schimpfwort aus früheren Zeiten: "Alte Jungfer!" Wenn es nicht nur als Schimpfwort gebraucht wird, beschreibt es jedoch zutreffend einen sehr realen Zustand. Es gibt tatsächlich noch heute Frauen, die noch niemals in ihrem Leben Sex hatten, ja die nicht einmal einen Orgasmus kennengelernt haben. Das kann vielerlei Gründe haben, ein sehr frühes Verliebtsein, in einen ursprünglichen Partner, der plötzlich nicht mehr da war, noch ehe es zu irgendwelchen sexuellen Aktivitäten gekommen war und eine lebenslange Trauer über diesen Verlust. So etwas ist in früheren Nachkriegszeiten relativ oft vorgekommen. Beide haben sich eben erst kennengelernt und sofort über beide Ohren verliebt - noch in dieser Phase erfolgte ein Fronteinsatz und ein schneller Heldentod! Andere Frauen haben wiederum ihr Leben lang auf den Richtigen gewartet und ihn nie bekommen. Ja natürlich mag es an den Frauen gelegen haben, die einfach zu wählerisch waren. Oft aber waren auch Männer in ihrem Leben schuld, die ihnen beim ersten Versuchen allzu grob vorgegangen waren. Das aber sind sicher nur wenige Ausnahmen - der Normalfall ist ein anderer! Paare, die sich ein Leben lang geliebt haben und zusammen alt geworden sind, haben auch noch im hohen Alter Sex. Natürlich ist es nicht mehr zu vergleichen, wie es einmal in jungen Jahren gewesen ist, aber immer noch mögen sie es sich nah zu sein, zusammen zu schlafen, zusammen aufzuwachen, sich zu küssen, sich gegenseitig anzufassen.

Natürlich spielen dabei auch alte Gewohnheiten eine Rolle, wie zum Beispiel, sich gegenseitig überall zu berühren, anzufassen und sich darüber zu freuen, wenn an dem alten Fleisch noch gewisse Erregungen erreichbar sind, um sie noch auf die eine oder andere Weise zu nutzen. Ja tatsächlich sind Frauen von 90 Jahren und älter noch orgasmusfähig - sicher nicht mehr auf dieselbe Weise wie früher, aber bei entsprechenden eigenen Bemühungen und Hilfestellungen des Partners, vielleicht auch einem gezielten Hilfsmittelgebrauch!

Bei 90jährigen Männern verhält es sich nicht viel anders, die zwar nicht unbedingt mehr penetrationsfähig sind, aber dennoch heftige Gefühle bei einem Samenausstoß bekommen. Natürlich verwenden alte Männer oft und gerne auch entsprechende Anregungsmittel wie Viagra und Ähnliches. Manch einem gelingen damit dann sogar noch vereinzelte Penetrationen, also einem echten Geschlechtsverkehr!

Aus den orientalischen Ländern früherer Zeit weiß man, dass wohlhabende Männer, die ein lebenslanges Harem unterhielten, oft noch mit weit über 90 Jahren Nachkommen mit ihren Frauen zeugten. Das mag man sich gut vorstellen können, wenn man bedenkt, dass in einem Harem doch meist junge Frauen aktiv waren, die doch sehr reizvoll auf die Fantasie eines alten Mannes gewirkt haben mögen. In der christlichen Bibel werden gar Männer erwähnt, die in einem Alter von 600 Jahren noch Nachkommen gezeugt haben sollen! Daher kommt sicher auch der Begriff, wenn jemand sehr als ist, habe er ein "biblisches Alter" erreicht!

Die dunkle Seite der Liebe

Leider gibt es auch in der Liebe sehr dunkle Seiten. Die schlimmsten Entgleisungen mögen nach einer zurückgewiesene Liebe passieren und besonders in den südlicheren Ländern ausgeprägt sein. Liebe kann dort bei den betroffenen Frauen ganz schnell zu Hass, Wut und Schlimmeren führen.

Nicht gemeint ist eine von der anderen Seite nicht erwiderte Liebe, eine solche einseitige Liebe wird meist mehr oder weniger angenommen. Bei ihr gibt es eben nur einen Liebenden, der andere nimmt es hin und akzeptiert es so, wie es ist. Solch einseitige Liebe kann durchaus Bestand haben, zumindest dann, wenn der nicht liebende Teil, auf jede diesbezügliche Äußerung verzichtet und es einfach genießend hinnimmt.

Casanova Syndrom

Immer wieder hört man von Männern, dass sie jede Frau haben könnten, wenn sie nur wollten - sie glauben, wegen ihrer zahlreichen Erfahrungen jede Frau auf Anhieb befriedigen zu können. Was natürlich der reinste Blödsinn ist. Jede Frau ist anders, jede hat ihre bestimmten Eigenarten, ja auch Marotten, besonders in sexueller Hinsicht - wie sollte also ein beliebiger 08/15 Mann, jede auch noch so andersartige Frau befriedigen können? Was für die eine Frau viel zu wenig an Zuwendung ist, ist für eine andere schon viel zu viel. Was ist mit Frauen, die nur anal zu befriedigen sind oder nur durch klitorale Stimulation oder gar in etwas abartiger Weise diverse Urin- und Fäkalspiele bevorzugen?

Wir müssen also feststellen, dass es kein Generalrezept für alle Frauen unter allen nur möglichen Umständen geben kann, weil jede Frau einmalig und ganz individuell verschieden ist und entstehende Ähnlichkeiten rein zufällig wären.

Beim Vorhandensein von Liebe läuft das allerdings etwas anders. Liebe kann über längere Zeiträume alles so akzeptieren, wie es ist, immer in der Hoffnung lebend, dass sich vielleicht bald etwas zum Besseren ändern wird. Aber da bleibt auch sicher nicht nur die Hoffnung, Liebe kann auch durch Lernen und Überzeugungsarbeit selbst den härtesten und Eingeschleiftesten Singles auf den rechten Weg führen. Manches Mal mag allein schon darüber reden, helfen alles in die gewünschten Bahnen zu lenken.

Sind beide Partner in Liebesdingen noch unerfahren und am Beginn ihres aktiven Lebens können sie sich bei entsprechender Offenheit gegenseitig mit Sicherheit auf den richtigen Weg bringen, indem sie einander genau benennen, was sie voneinander erwarten. Der Wille und ein einigermaßen intaktes Einfühlungsvermögen in die Gefühle des anderen wären dabei sehr hilfreich.

Unersättlichkeit

Nicht zu verwechseln ist Nymphomanie mit einer gewissen fraulichen Unersättlichkeit in Sachen Sex. Es gibt Frauen, die mehrmals am Tag befriedigt werden wollen und dann vielleicht gleich noch mehrmals hintereinander. Das Leben solcher Frauen und ihre Gedanken drehen sich sehr oft um Sex, er wird zu ihrem Lebensinhalt, dabei ist es ihnen völlig gleich, wer ihnen zu ihrer Befriedigung verhilft. Zwischendurch, wenn eben kein Mann verfügbar, machen sie es sich eben selber. Allerdings sind sie immer auf der Suche nach schnellen und potenten Sexpartnern, dabei oftmals alle Sicherheiten für Gesundheit, Leib und Leben außer Acht lassend. Es wird auf Teufel komm raus kopuliert, egal wie, wo oder wie alt ihr Wahlpartner ist, Hauptsache er bekommt einen hoch. Nicht selten tun ihr auch Minderjährige diesen Gefallen und oft kommen sie dann sogar mit den Gesetzen in Konflikt. Allerdings können sie kaum etwas dafür, das sie einen so stark ausgeprägten Sextrieb besitzen, der immer wieder über ihren Verstand triumphiert.

Bei Männern kann Ähnliches passieren, allerdings ist bei ihnen oft ein zu hoch messbarer Testosteronspiegel verantwortlich, der durch entsprechende Behandlung durchaus verringert werden kann.

Nymphomanie

Als nymphoman werden Frauen bezeichnet, die oft nur einen geringen Geschlechtstrieb besitzen, aber auch das Gegenteil ist möglich. Entscheidend aber ist die Tatsache, dass sie nicht oder nur kaum befriedigt werden können. Oft werden solche Frauen als Frigide bezeichnet. Manche Frau mag sich damit abfinden, aber einige leiden doch sehr darunter. Durch ihre ständigen Partnerwechsel werden sie schnell abwertend als Flittchen bezeichnet. Was eigentlich überhaupt nicht stimmt - sie möchten nur, wie andere Frauen auch, ein erfülltes und befriedigendes Geschlechtsleben haben. Leide glauben da manche Frauen, dass es an ihren zahlreichen Männern liegen muss, weil keiner in der Lage war, sie zu befriedigen. Aber so ist es nicht, Nymphomanie besitzt oft eine krankhafte Komponente und ist durchaus behandlungswürdig. Ein guter Frauenarzt oder auch Psychiater könnte ihnen gewiss helfen, aber sie vertrauen sich ihren Ärzten nicht an, sondern hoffen immer weiter endlich mal einen Mann zu finden, der sie befriedigen kann. Es ist jedoch äußerst unwahrscheinlich, dass unter ihren zahlreichen ausprobierten Männern kein einzige gewesen sein sollte, der eine Frau befriedigen konnte? Dass eine jede Frau den Richtigen für sich finden möchte, ist, ist durchaus verständlich - aber Männer gleich dutzendweise auszuprobieren um dann dankend abzulehnen ist wohl auch nicht der richtige Weg. Solche Frauen sollten doch erst einmal den Fehler auch bei sich selber suchen und sich wirklich helfen lassen. Stattdessen tun sie so, als wären sie befriedigt, sie spielen den Männern aber nur etwas vor - oftmals, weil ihnen die Wahrheit peinlich wäre, das aber führt sie nur immer weiter in die Frustration. Da kommen dann solche Bemerkungen zustande wie: "Alle Männer sind Scheiße".

Tierliebe, Zoophilie, Sodomie

Liebe zu Tieren, auch eine besondere Art von Liebe, die manchmal seltsame Blüten treibt. Sicher mag es wirkliche Liebe zwischen Menschen und Tieren geben. Eine ganz normale Liebe zu einem Hund könnte man als Beispiel nennen. Der Mensch liebt seinen Hund und der Hund gibt seine Liebe selbstlos an den Menschen zurück. So weit so gut, wenn es bei dieser geistigen Beziehung bleibt. Leider aber gibt es auch dort menschliche Entgleisungen, deren Fragwürdigkeit meist irgendwo im Dunkel bleibt. Ich meine die sexuelle Beziehung zu seinem Hund, die zwar inzwischen nicht mehr strafbar ist, wenn dabei die Tierschutzgesetze beachtet werden, das heißt, der Hund muss groß genug sein, damit das erigierte Geschlechtsteil eines Menschen ohne Quälerei für das Tier Platz finden kann. Viel häufiger allerdings benutzen Frauen ihren Hund für sexuelle Handlungen. Sie lassen sich von ihrem Hund lecken und oft auch regelrecht penetrieren. Solch einen Vorgang zwischen Mensch und Tier nennt sich Zoophilie (Sodomie) und war früher in Deutschland bei Strafe verboten. (§ 175b) Als aufmerksamer Beobachter kann man auf der Straße oder im Park solche Hund-Mensch-Beziehungen deutlich erkennen. Hunde, die allzu deutlich und allzu oft ihre Schnauze immer wieder schnüffelnd zwischen die Schenkel von Frauchen pressen ... oder versuchen mit menschlichen Beinen zu kopulieren.

Ich finde es zwar ekelhaft, will aber an dieser Stelle keinesfalls werten. Jeder soll selbst mit seiner sexuellen Orientierung klarkommen, und solange er nicht Verbotenes tut, ist doch alles in Ordnung?!

Das aber war nur ein Beispiel, zu einer sexuellen Mensch-Hund-Beziehung, ähnliche Beziehungen sind allerdings nicht nur auf Hunde beschränkt. Schafe und Ziegen werden gerne von jungen Männern in der Landwirtschaft diesbezüglich benutzt. Dann aber gibt es noch die "Hühnerficker" - tatsächlich ist das nicht nur solch ein Ausdruck. Hühner werden seit Urzeiten von jungen Männern zur einführenden Penetration benutzt. Hühner deshalb, weil ihre diesbezügliche Öffnung groß genug für einen erigierten Penis ist und dem Huhn offenbar damit nicht geschadet wird, schließlich müssen ja auch die ähnlich großen Hühnereier diese Öffnung passieren ...

Sicher empfinden die Männer dabei keine normale Liebe und sicher auch das Huhn nicht, trotzdem sei der Sex mit anderen Tieren wenigsten erwähnt worden. Was man davon allerdings von Menschen halten soll, die so etwa praktizieren, ist eine ganz andere Frage. Aber es geht ja auch umgekehrt, so sagt man von einer Katharina von Russland, dass sie sich extra ein Gestell bauen ließ, um sich von Pferden begatten zu lassen.

Swinger

Was an sexuellen Spielarten, relativ oft in den sogenannten "Swingerklubs" vorkommt, sind "Big-Bang-Partys". Es stellen sich dazu eine oder auch mehrere Frauen zur Verfügung, die sich von einem Rudel wichsender Männer mit ihren Samen bespritzen lassen.

Es gibt da Frauen, die sich regelrecht im Sperma der Männer sühlen und es mit ihren Händen genüsslich über ihren ganzen Körper verreiben. Die Erregung der Frauen kann dabei so heftig werden, dass sie alleine davon einen Orgasmus bekommen. Wie gesagt sind das keine Außenseiter oder skurrile Typen, sondern ein ganz Teil von Frauen, die regelmäßig in Swingeklubs verkehren - oft auch ist der eigene Partner oder Ehemann sogar aktiv mit dabei. In solchen Swingerklubs findet allerdings auch ein reger Partnertausch statt. Ebenso gibt es dort Räume, in denen andere dem direkten Geschlechtsverkehr zwischen einem Paar oder auch mehreren Paaren zuschauen können.

Das alles geschieht natürlich in vorheriger Absprache, nicht dass nun jemand denkt, da geschieht irgendetwas gegen den Willen der Teilnehmer, das passiert eigentlich niemals, die Mitglieder solcher Swingerklubs haben sich auf ihre Fahnen geschrieben: Alles kann sein, nichts muss sein. Es gibt auch besondere Rituale, die ohne viele Worte genau das benennen, was gewünscht wird. Z. B., um überhaupt mit einem Partner oder Partnerin in sexuellen Kontakt zu kommen, reicht zum Beispiel ein Schenkelstreicheln - wehrt der Andere nicht ausdrücklich ab, so bedeutet das, das er oder sie einverstanden sind, miteinander Sex zu haben.

Die ganzen Aktionen sind nicht mit Prostitution zu verwechseln. Was Swinger tun, ist völlig freiwillig und ohne finanzielle Interessen - sie tun es nur, um gegenseitig ihre sexuelle Fantasien auszuleben. Dass dennoch etwas zu bezahlen ist, liegt an den sonstigen Aktivitäten, wie essen, trinken, eventuelle Bett- oder Wäschebenutzungen, bestimmte Hilfsmittel usw. Die aufzubringenden Summen sind vergleichsweise gering, sie bewegen sich so etwa um die 20 bis 50 Euro.

Sondersex

Tantra ist so eine Sonderform, eine aus der indischen Glaubenslehre hervorgegangene Massageform.

Tantramassagen gibt es für beide Geschlechter. Wobei die Yoni-Massage eine erotische Massage für Frauen ist und die Lingam-Massage für Männer. Ausüben können es sowohl Frauen und auch Männer, wobei frauliche Massagen oft von beiden Geschlechtern bevorzugt werden.

Das Besondere an Tantramassagen gegenüber normalen Massagen sind, die Einbeziehung aller Zonen des Körpers, auch der Erogenen. Tantra wird von beiden Parteien nackt praktiziert, meist auch mit engem Körperkontakt. Tantra ist eben eine ganzheitliche Körpermassage, die nichts ausschließt. Im Gegensatz zu reinem Sex wird immer nur der Empfangende massiert - körperliche Gegenleistungen sind nicht erlaubt und nicht erwünscht!

Tantra hat immer einen aktiven, gebenden Partner und einen inaktiven, nehmenden Partner.

Die Yoni-Massagen für Frauen beziehen auch die gesamte Vulva mit ein, das heißt auch die Schamlippen, der Kitzler und die Vagina können massageaktiv behandelt werden. Die Erregungen können bis zum Orgasmus führen, müssen es aber nicht. Meist werden gewärmte, aromatische Öle in Verbindung mit sanften Worten oder sanfter Musik verwendet.

Um Tantra zu praktizieren, wird eine beruhigende und sichere Umgebung benutzt, die eine völlige Entspannung bewirkt. Die so behandelte Frau sollte sich völlig entspannt fallen lassen und die dargebotenen Praktiken einfach nur genießen. Ein Höhepunkt ist nicht zwingend, aber tritt dennoch sehr oft als krönender Abschluss ein. Tantra ist altbewährt und soll auch helfen, psychologische Spannungen, Frustrationen und seelische Unzufriedenheiten abzubauen.

Die Lingam-Massage bei Männern funktioniert ähnlich. Auch hier ist die massierende meist eine ebenfalls nackte Frau. Es kommt zu innigen Körperkontakten, aber zu keiner Penetration.

Wie schon der Name sagt, wird direkt und auf die unmittelbare Umgebung der Männlichkeit im Besonderen eingegangen. Heftige Erektionen sind durchaus erwünscht, aber nicht unbedingt ein Orgasmus. Alles soll auch beim Mann völlig entspannt und ruhig erfolgen. Eine erfahrene Masseurin wird sich stets auf dem schmalen Grad zwischen höchster Erregung und Samenausstoß bewegen, den Mann so lange als möglichst auf höchst erregtem Niveau zu halten - irgendwann passiert es aber dann doch, dass er einen sehr heftigen und langandauernden, überaus befriedigenden Orgasmus bekommt. Eine gute Masseurin weiß damit umzugehen und unterstützt die eintretende, sehr entspannende Befriedigung des Mannes. Nach einer kurzen Ruhephase wird die Massage beendet. Solche Massagen dauern in der Regel 1 Stunde und sind mit rund 200 Euro etwas teuer. Es sollte jeder für sich abschätzen, ob ihm seine Gefühle das wert sind. Bekannte, die so etwas mehrere Male mitgemacht haben, berichten nur Gutes für ihr Geschlechtsleben. Ja, Sie haben richtig gehört, sie sind als Paar dort hingegangen und haben sich nacheinander in der beschrieben Weise behandeln lassen. Sicher gibt es auch billigere Angebote, aber um eine gewisse Seriosität zu erhalten und gut ausgebildete Tantra-Maseurinnen so etwas zu überlassen, sollte man lieber etwas mehr investieren und nicht auf Billigangebote zurückgreifen.

Prostitution

Dann gibt es noch seit Jahrtausenden, die ganz gewöhnliche Prostitution, die käufliche "Liebe" also. Obwohl der Begriff nicht ganz zutreffend ist. Man kauft keine Liebe! Man kauft eine Illusion davon. Wirklich gute prostituierte Frauen können so tatsächlich eine Liebesillusion vermitteln, was natürlich seinen Preis hat. Einfache landläufige Prostitution hingegen bietet Sex gegen Geld, nicht mehr und nicht weniger. Meist handelt es sich dabei um eine kurze und schnelle Penetration. Der Mann hat starken Geschlechtsdruck und die bezahlte Frau macht ihre Beine breit, in der Regel bis zum einmaligen Abspritzen des Mannes. Die spezielle Sexpraktik wird vereinbart und die Bezahlung erfolgt meist im Voraus. Es kann Sex mit oder ohne Überzieher vereinbart werden, was sich meist im höheren Preis niederschlägt. Küsse auf den Mund werden oft von vornherein ausgeschlossen.
Bei den sogenannten Edelnutten ist es oft ganz anders. Sie werden meist für mehrere Stunden oder sogar für eine ganze Nacht oder länger gebucht, mit ihnen ist dann fast jede Vereinbarung möglich, es ist lediglich eine Preisfrage. Da können schon einige Hundert oder tausend Euro gefordert werden.
Die Frage, die bei allen Nutzformen der Prostitution im Raum steht, ist doch die, warum sich dieses Gewerbe so lange erhalten hat und immer wieder neuen Zustrom erfährt.
Ganz einfach geantwortet: Männer sind oft sehr sexuell orientiert, das heißt, sie brauchen den Sex und die Penetration zu ihrem Wohlfühlen. Es sind oft Männer,

die vorher oder auch noch in einer Beziehung leben, in der sie keine ausreichende Befriedigung erfahren. Um ihren aufgestauten Trieb und ihre Frustration abzubauen, müssen sie sich irgendwie entladen. Manche Männer beginnen dann heftig und oft zu onanieren, bei anderen aber funktioniert das nicht so richtig - sie brauchen unbedingt eine richtige Penetration um sich abzureagieren. Da sie sich aber keine zusätzlichen Probleme mit irgendwelchen externen Liebschaften aufhalsen wollen, suchen sie sich eine Prostituierte, die ihnen auf die Schnelle hilft. Manche Männer sind dort Dauerkunden und sie wollen immer nur wieder eine ganz bestimmte Frau, oft, weil sie wissen, die macht es richtig, so wie er es haben will!

Wenn viele Frauen die in solchen Partnerschaften leben, wissen würden, was außerhalb ihrer Beziehung passiert, würden sich viele ganz anders verhalten. Denn oftmals treiben Frauen ihre Männer zu Prostituierten. Manche Frauen glauben, dass Männer durch Sexentzug erpresst werden können und sie nutzen dieses Mittel oft und reichlich. Was aber tun die Männer? Nein sie finden sich nicht damit ab, sie suchen sich einen Ausgleich, das kann eine zusätzliche Partnerin, das kann aber auch eine Prostituierte sein. Was haben solche Frauen dann gewonnen, wenn ihr Mann sich woanders das holt, was sie ihm verweigern. Mit Sexentzug den Partner erpressen oder nötigen zu wollen, hat noch nie funktioniert. Wenn sie einen Partner nicht mögen, wie er ist, sollten sie sich lieber sofort trennen, als ihre schlecht funktionierende Beziehung nur halbherzig aufrecht zu halten! Oftmals aber hindern sie gewisse finanzielle Abhängigkeiten, sich vom ungeliebten Partner zu trennen.

Eine Frau, die guten heftigen und regelmäßigen Sex mit ihrem Partner hat, ist immer die bessere Wahl. Hat ein Mann in dieser Richtung keinerlei Defizite, hat er auch meist keinen Grund fremd zu gehen oder nach Prostituierten zu suchen!

Natürlich tun es nicht alle Männer gleichermaßen, andere suchen sich eine andere, schnelle und unkomplizierte Sexbeziehung. Keine Frau sollte sich da täuschen lassen - es gibt sexhungrige Frauen noch und noch, die nur auf eine Gelegenheit warten und was wäre da besser geeignet als ein Mann, der in einer Ehe oder ähnlich festen Beziehung steckt und unerfüllte Sexwünsche hat? Bestimmte Frauen wissen ganz genau, wie sie eine schlecht funktionierende Sexbeziehung für sich ausnutzen können. Was sie suchen, ist einfach nur Sex, ohne irgendwelche Bindungen und darüber reden auch manche ganz offen - so weiß er und sie was sie voneinander halten und erwarten können. Solche externen Beziehungen können über Jahre funktionieren und beiden die nötige Erfüllung geben.

Sicher ist alles in einer aufgeschlossenen Beziehung oder auch Ehe regelbar. Warum das nicht getan wird, hat oft vielerlei Gründe. Einesteils liegt es an einer gewissen Gleichgültigkeit eines oder beider Partner, anderseits sind da noch immer anerzogenen Hemmungen, die das Thema Sex einfach verdrängen. Es gelingt oft beiden nicht über das Thema Sex zu sprechen, jedenfalls nicht so, wie es sein sollte. Jeder hält etwas Wahrheit zurück, keiner sagt dem Anderen offen was ihn sexuell bewegt oder was er vermisst. Hält dieser Zustand lange an bildet sich irgendwo ein Frust über diesen unbefriedigenden Zustand und das Resultat ist dann, das jeder versucht seine Wege zu gehen und sich nur noch um seine ganz persönliche Befriedigung kümmert.

Mittelalterliche Mystifikation

Zur Zeit des Mittelalters grassierten dämonische Gedanken und Rituale, die vor allem durch die Kirchen forciert wurden. Aus dieser Zeit stammen die Begriffe "Incubus" und "Succubus", die auf viele sexuelle Aktivitäten angewandt wurden, die nicht in der normalen Ansicht der Kirchen lagen. Penetration hatte nur in der Ehe die Zustimmung der Kirchen. Aber selbst in der Ehe durfte Sex nur im Sinne einer Zeugung durchgeführt werden. Jede andere Art von Sexpraktiken war streng verboten. So galt eine bloße Lustbefriedigung als Sünde vor Gott, die zu ahnden war. So galten auch alle Formen der Selbstbefriedigung als abartig. Um dem Volk Angst zu machen, wurden irgendwelche Geister eingeführt und herangezogen. So wurden Frauen bestraft, weil sie angeblich Succubus betrieben. Sukkubus wurde eine verkörperte Form des Teufels genannt, die den Männern, meist nachts, ohne ihr Wissen den Samen stahl. Solche Beschuldigungen waren dann der Kirche auch nicht zu schade um Frauen, die nachweislich Fellatio oder Analsex betrieben, den Succubus zu unterstellen, im Extremfalle kamen noch Hexenbeschuldigungen hinzu, die manche Frauen damit in den von der Kirche bestellten Feuertod schickten. Genauso erging es anderen Frauen, die des Incubus beschuldigt wurden, die also angeblich sexuellen Kontakt zum Teufel hatten und dadurch schwanger wurden.

Man hatte so reelle Möglichkeit geschaffen unliebsame Frauen auf immer los zu werden. Oft reichten schon Behauptungen von Dritten, das die Frau im Pakt mit

Geistern und Teufeln heimlich Succubus betreiben sollte. Gleichzeitig wurde es von selbst ernannten Ärzten, als Erklärung für männliche feuchte Träume gewertet, die als Krankheit des Teufels eingestuft wurden.

Orgasmus-Hilfsmittel

Wie schon anfangs beschrieben, gibt es Frauen, die relativ schwer erregbar sind, die durch eine nur männliche Penetration nicht zu befriedigen sind. Um dennoch zu einem befriedigenden Sexerlebnis zu kommen, können sie versuchen durch andere männliche Praktiken, wie Hand oder Zungenspiele ihres Partners den ersehnten Höhepunkt zu erreichen.

Führen auch andere diverse Praktiken, mit oder ohne Partner, zu keinem Ergebnis, kann sich das Paar vielleicht zusammen überlegen diesen Missstand zu beseitigen. Liegt es vielleicht alleine nur an ihrer vaginalen Trockenheit, sind diverse Gleitgels sicher sehr hilfreich. Sollte es damit noch immer nicht gelingen, wären gewisse Sexspielzeuge angebracht. Sie sollte nun oder auch zusammen mit einem Partner einer der zahlreichen Sexshops besuchen und sich entsprechend beraten lassen, welches der Sexspielzeuge für sie infrage kommen würde. Oft bewirkt ein einfacher, klassischer Vibrator wahre Wunder. Er kann vaginal oder auch klitoral angewandt werden und wer es mag auch in den Anus geschoben werden. Mit klassischen Vibratoren meine ich einen vorne leicht abgerundeten, etwa 3 cm und 20 Zentimeter langen Korpus, in den eine oder zwei Batterien eingefügt werden und der eine stetige Regelung der Vibrationsstärke ermöglicht. In seinem Inneren befindet sich ein kleiner Motor, der durch sein unrundes Verhalten zu einer mehr oder weniger heftigen Vibration führt, ähnlich der eines elektrischen Rasierapparates oder eines Vibrationsalarms eines Handys. Die Benutzung ist völlig ungefährlich.

Die ersten und besten Effekte mit solch einem Vibrator erreicht man mit einer zuerst schwach eingestellten Vibration am Kitzler. Manche Frauen erreichen damit innerhalb von nur wenigen Sekunden eine anfängliche Erregung, die bei einiger Übung immer weiter ausgedehnt werden kann. Wer mag, kann sich das vibrierende Teil auch zwischenzeitlich direkt und tief in die Vagina einführen, oder auch nur mit heftigen eingestellten Vibrationen am Kitzler erregen. Wichtig ist dabei nur eines bevor es zu einer Benutzung oder gar Einführung eines Vibrators kommt muss immer mit einem gut wirkenden Gleitgel gearbeitet werden. Dabei sollte nicht zu sparsam umgegangen werden. Je nasser und schlüpfriger der Kitzler oder die Vagina ist um so besser funktionieren die entsprechenden Erregungen. So angewandt sollte es nach spätesten 15 bis 20 Minuten zu einem Orgasmus kommen und wer es mag, kann auch noch einen zweiten und dritten Orgasmus damit erleben.

Manche Frau mag es sich lieber alleine damit machen, eine andere überlässt es gerne ihrem Partner, sie mit diesem Lustapparat zu verwöhnen.

Ergänzend sollte aber noch angeführt werden, dass es auch zahlreiche Lustapparate für Männer gibt. Von einfachen Vagina-Nachbildungen über Lustpuppen mit mehreren Öffnungen, zu Penispumpen sämtlicher Art, sogar sich echt anfühlende Vagina-Nachbildungen mit eingebauter Penispumpe und Vibrator, die besonders impotenten Männern sehr hilfreich sein können, um dennoch einen richtigen Orgasmus zu bekommen.

Andere E-Books von mir bei Amazon:

Thema SF: Roman "Leilas Planet"
"Silikaten"
"Basalt"
"Fomicinus"
Auch als Paperback
"Phantastische Geschichten II"
Auch als Paperback

"Raumgold"
"Die andere Intelligenz"
"Schöpfer"
"Nach der Havarie"

Thema LED-Praxis: "LED-Einsteiger"
Auch als Paperback und Homepage:
"www.led-einsteiger.de"

Bücher, E-Books und Geschichten befreundeter Schreiberlinge:

Thema: Sterben: "Sterben, tot und danach ..."
Autor: Willy Peters
Auch als Paperback

Thema Erotik: Über 80 Erotiktexte
Autor: Peer Moulin